얼굴 없는 검사들

얼굴 없는 검사들

최정규 지음

수사도 구속도 기소도 제멋대로인
검찰의 실체를 추적하다

블랙피쉬

검찰의 공정과 정의가 사망한 사건들

• 진보당 사건 (재심을 통해 무죄가 선고된 사법살인) ▶ 1장

검찰이 조봉암을 비롯한 진보당 간부들을 국가변란, 간첩죄 혐의로 기소하였고 조봉암에 대해 사형을 선고받아 1959년 7월 31일 사형을 집행한 사건. 2022년 1월 대법원은 이 사건에 대해 무죄를 선고했다.

• 인민혁명당 재건위 사건 (재심을 통해 무죄가 선고된 사법살인) ▶ 1장

검찰이 유신체제에 대한 반대 활동을 한 학생들을 정부를 전복하려는 불순 반정부세력으로 규정하여 이들이 1960년대 인민혁명당을 재건하려고 했다는 혐의로 기소하였고, 8명에 대해 사형을 선고받아 대법원 확정판결 18시간 만인 1975년 4월 9일 새벽 사형이 집행되었다. 제네바에 본부를 둔 국제법률가협회는 이 날을 '사법사상 암흑의 날'이라고 규정하기도 했다. 2007년 1월 23일 서울중앙지방법원은 이 8명에 대해 무죄를 선고했다.

• 서울지검 고문치사 사건 (객관의무 위반, 피의자 인권침해) ▶ 1장, 5장

검찰이 2002년 서울지방검찰청에서 조직폭력배 수사 도중 가혹행위를 통해 피의자를 사망하게 한 사실이 드러나 수사검사 등 관련자들이 처벌된 사건(2008년 검찰 60주년을 맞아 검찰직원이 선정한 20대 사건에 포함).

• 고양 저유소 화재 사건 (객관의무 위반) ▶ 1장

2018년 이주 노동자가 날린 풍등으로 인해 고양시에 위치한 지하 복토형 저유 공간에서 화재가 발생한 사건. 검찰은 이주 노동자를 실화죄로, 저유소 관리를 부실하게 한 직원들을 행정법규 위반으로 분리하여 공소 제기했다. 이때 검찰은 저유소 관리 부실 자료 등 이주 노동자에게 유리한 자료를 실화죄 사건에서는 증거로 제출하지 않았다.

• 이주 노동자 노동력 착취 사건 (직무유기, 피해자 인권보호 소홀) ▶ 2장, 3장

이주 노동자 노동력 착취 사건에서 있었던 부실수사와 관련해 2020년 검찰수사심의위원회 소집을 요청했으나 검찰은 이를 거부하였다. 3,400만 원에 이르는 임금 착취 사건에서 검찰이 사업주를 벌금 600만 원 의견으로 약식기소한 사례, 공판검사의 부실한 공소 유지로 사업주가 무죄(일부 무죄)를 선고받은 사례가 있다.

• 유령 대리 수술 사건 (대리 수술 사건에 '상해죄' 대신 '사기죄'를 적용한 검찰) ▶ 3장
환자로부터 수술 동의를 받지 않은 의사, 심지어 원무과장 등 비의료진이 수술실에서 수술용 칼을 들고 환자의 신체를 절개해 상해를 입혔으나, 검찰은 이들에게 상해의 고의가 없었다며 '상해죄' 대신 '사기죄'를 적용, 면죄부를 주었다.

• 사찰 노예 사건 (잘못된 기소, 직무유기) ▶ 3장
서울 노원구 소재 사찰에서 32년 동안 노동력 착취 등을 당한 피해 장애인에 대해 2018년 검찰이 가해자를 단순 폭행죄로 벌금 500만 원 의견으로 공소 제기한 사건. 이후 시민단체 등이 고발장을 제출하고 피해자가 검찰수사심의위원회 소집 청구하며 이 사건이 언론에 보도되었고, 이후 검찰이 장애인차별금지법 위반으로 추가 기소하면서 1심에서 징역 1년 실형이 선고되었다.

• 신안군 염전 노예 사건 (직무유기, 국가배상 책임) ▶ 3장
2014년 전남의 섬에서 지적장애인 100여 명이 노동력 착취를 당하고 있다는 사실이 세상에 알려졌다. 이미 검찰을 포함한 관련 수사기관(경찰청, 노동청) 공무원들이 이러한 사실을 충분히 인지하고 있었다는 정황이 확인되어 국가배상 책임까지 진 사건.

• 청주 스쿨 미투 사건 (검찰의 피해자 신원 노출, 직무유기) ▶ 3장
공판검사가 공소 유지를 하면서 피해자를 특정할 수 있는 내용을 노출하였고, 국민권익위원회 조사 결과 이러한 사실이 확인되어 검찰총장에게 징계가 요청된 사안.

• 서울시 공무원 간첩 조작 사건 (객관의무 위반, 증거 조작) ▶ 4장
검찰은 2013년 그 당시 서울시 공무원이었던 유우성을 국가보안법 위반으로 공소 제기하였으나, 1심에서 유우성이 무죄를 선고받자 공소 유지를 위해 위조된 출입경기록(중국과 북한을 왕래한 기록)을 법원에 제출했다. 그러나 검찰의 증거 조작이 밝혀져 또 한 번 무죄가 선고되었고, 이에 검찰은 유우성이 4년 전 이미 기소유예 처분을 받은 외국환거래법 위반 혐의를 다시 들고 와 공소 제기했다. 이 사건에서 법원은 검찰의 공소권 남용을 인정하는 확정판결을 선고했다.

• 고 김홍영 검사 사건 (검찰 직장 내 괴롭힘) ▶ 4장
2016년 5월 19일 서울남부지검에서 일하던 김홍영 검사의 극단적 선택이 있었다. 감찰조사 결과 부장검사의 상습적인 폭행과 폭언이 있었음이 밝혀졌으나, 검찰은 가해 부장검사를 형사 입건하지 않았다. 가해자는 2020년 검찰수사심의위원회를 통해 폭행죄로만 공소 제기되어 징역 1년 실형을 선고받았다. 명예훼손죄 등 추가 범죄에 대해서는 2022년 9월 대검찰청 재항고 절차 진행 중이다.

몇 년에 걸쳐 이웃 주민들로부터 여러 피해를 당한 할머니 한 분이 자기가 겪은 피해를 빼곡히 적은 고소장을 들고 가까운 검찰청에 가셨다. 검찰청에서는 '이 사건은 이런 작은 지청에선 해결할 수 없다'며 '대'검찰청에 가보시라고 했단다. 그래서 새벽부터 보따리를 싸서 서울 올라가는 첫 버스를 타고 '대'검찰청에 갔더니, 여긴 수사를 직접 할 수 있는 곳이 아니니 길 건너 서울 '중앙' 지방검찰청에 가보시라고 했단다. 그 말대로 길 건너 서울 '중앙' 지방검찰청에 와서 고소장 접수 순서를 기다리고 있던 할머니를 만난 건 2005년 민원 담당 공익 법무관 시절이다.

15년이 훌쩍 넘은 일이지만 검찰청 하면 가장 먼저 이 할머니가 떠오르는 이유는 뭘까? 검찰청 민원실에서 근무하는 1년 동안 할머니처럼 자신의 억울한 사연을 고소장에 빼곡하게 적어서 그 이야기를 경청해줄 사람을 찾아 헤매는 분들을 수없이 만났고, 그들을 만나면서 이런 의문이 생겼기 때문이다.

"시민들의 억울함을 풀어주지 못한다면 검찰이라는 기관은 도대체 왜 존재하는 것일까?"

검찰 개혁, 오히려 증폭된 의문

2020년 고 김홍영 검사 관련 검찰수사심의위원회 소집 신청서를 제출하기 위해 15년 만에 다시 서울중앙지방검찰청 민원실을 찾았다. 그때나 지금이나 어두컴컴한 반지하 같은 곳에 위치한 민원실, 서류 접수를 위해 순서를 기다리면서 시민 한 분이 소리를 치고 있는 장면이 내 앞에 펼쳐졌다. 도대체 무슨 일인지 귀 기울여 들어보니 사건 담당 검사와 면담을 요청했지만 거절당했고 이를 민원실에서 하소연하고 있었던 것이다. "검사님을 만나게 해주세요"라는 시민의 절규가, 민원실에 쩌렁쩌렁 울리는 그 소리가 내 마음을 한 번 더 울렸다.

"15년이 지났지만 왜 시민들이 검찰청에서 문전 박대당하는 일은 계속되고 있는 것일까?"

① 1980년 검찰청 종합민원실 설치, ② 1982년 우편·전화 민원 신청제 실시, ③ 1993년 전국 6대 지방검찰청의 민원 담당 검사제 확대 실시는 대검찰청 홈페이지 '검찰제도의 변천'에 기재되어 있는 내용이다. 검찰의 문턱을 넘기 어려운 시민들이 더 편리하게 검찰을 이용할 수 있도록 제도는 변천되었다고 홈페이지에 버젓이 적혀 있는 것과는 달리 현실의 검찰은 왜 이렇게 시민들에게 무례한

것일까? 시민을 기다리는 민원 담당 검사는 늘 부재중인 민원실, 담당 검사 얼굴 한 번 못 보고 문전 박대당하는 일이 반복 중인 이 지긋지긋한 현실은 개선되지 않고 있다.

검찰 개혁, 정치인 손에만 맡겨둬도 될까?

요 몇 년간 '검찰 개혁'이라는 이슈는 세상을 시끌벅적하게 하고 있다. 검수완박(검찰 수사권 완전 박탈), 검수덜박(검찰 수사권 덜 박탈), 검수완복(검찰 수사권 완전 복원)이라는 신조어를 보면 진행하는 검찰 개혁만 완성되면 세상만사 다 해결될 것 같다. 그러나 검찰 수사권이 완전 박탈되든, 덜 박탈되든, 박탈된 검찰 수사권이 복원되든 자신의 억울한 사연을 들고 검찰을 찾아가는 시민들이 검찰청에서 환대받지 못하는 건 변함없을 것이다. 이러한 절망감에 빠져 있을 때 다음 문구를 발견했다.

"정치란 사람들이 자신과 관계된 일에 끼어들지 못하게 가로막는 기술이다."

프랑스 철학자 '폴 발레리'가 했던 말이다. 그리고 이런 생각에 닿았다. 이제 누가 차려주는 밥상은 걷어차고, 시민인 우리가 스스로 밥상을 차려보면 어떨까? 검찰의 주인은 시민인 우리 아닐까? 이 책은 바로 이러한 생각에서 시작되었다.

이 책은 나 혼자 힘으로 쓴 것이 아니다. 나와 함께 마주 앉아 자기의 억울한 사연을 나누어준 시민들, 그리고 둘러앉아 그 억울함을 해결해보자고 의기투합한 활동가들과 변호사들, 그리고 우리의 작은 목소리에 귀 기울여준 언론인들이 없었다면 나는 그저 책상머리에 앉아 '검찰 개혁' 같은 뜬구름 잡는 구호만 외치고 있었을지 모른다. 나와 함께 밥상머리에서 함께 이야기를 나누어준 분들께 이 자리를 빌려 감사를 표한다.

밥상머리에서 나온 소소한 이야기들을 세상에 내놓는 이유는 '좋은 생각은 책상머리가 아닌 밥상머리에서 나온다'는 믿음 때문이다. 이 책에 담긴 내용이 시시하고 마음에 들지 않는다면 그 누구나 걷어차도 된다. 다만 누군가 차려준 밥상을 걷어차고 다시 차리는 일이 그저 정치인의 몫이 아니라 바로 우리 시민의 몫이라는 것만 알아준다면 나는 더할 나위 없이 기쁠 것이다.

. . . . .
.

노동력을 착취당한 지적장애인, 임금을 떼인 이주 노동자, 유령 수술의 피해 환자, 개인정보가 유출된 성폭력 피해자…. 저자는 검찰의 높은 문턱 앞에서 좌절하는 일반 시민의 이야기를 들려주며 잊고 있던 사실을 일깨워준다. '공익의 대표자' 검찰제도의 본질은 시민의 인권보호라는 사실을. 검찰 개혁은 '민원실'에서 시작돼야 한다고 힘주어 말하는 이유다. 우리네 삶과 직결된 진짜 검찰의 이야기가 궁금한 당신에게 이 책을 추천한다.

_한겨레21 고한솔 기자

책 《얼굴 없는 검사들》은 아무런 죄책감 없이 불의를 저지르거나 잘못된 과거를 반성하지 않는 검찰조직에 대한 스토리를 담고 있다. 책에는 '유령 대리 수술 사건'이 나오는데, 50대 중반의 성형외과 의사인 나는 이 '유령 수술 연쇄살인 조직'의 뒤를 10년 넘게 추적하고 있다.

책에서 저자의 메시지를 함축적으로 나타내는 주제어는 3장의 제목에 나오는 '검찰의 밥상' 아닐까. 대한민국에서는 형사 사법 절차의 전 과정이 검찰조직이 제멋대로 차린 밥상 위에서 휘둘리고 있다. 상식과 공정은 철저히 무너진 채…. 저자는 우리나라 사법체계에서 벌어지고 있는 검찰의 이러한 폐단을 여러 사례와 함께 소개한다.

우리 사건은 검찰 밥상에서 돈도 안 되는 '버려지는 반찬'이 될 수 있고, '탐욕스러운 가해자'에게 '한 끼 식사'가 되어 먹힐 수도 있다고 저자가 알려주는 듯하다. 그래서 나는 이 책이 오싹한 공포감을 주는 스릴러 서적처럼 느껴진다.

_수술범죄처단 시민단체 닥터벤데타 김선웅 의사

검찰이 뭐 하는 곳인지 이 나이 되도록 솔직히 잘 몰랐다. 그저 죄지은 사람 재판에 넘기고 하는 정도만 알았다. 그런데 이 책을 읽으며 '나쁜 식당'이라는 단어가 머릿속에 확 떠올랐다. 고객이 음식을 주문하면 적당히 대충 만들고, 자기네들이 먹을 것만 맛있게 만드는 곳. 검찰이 바로 그런 곳이었구나!

그래도 검찰 내부에서 자성의 목소리를 높이고 있는 임은정 검사, 내 아들 김홍영 검사 사건에서 침묵을 깨고 진실을 이야기해준 동료 검사들, 그리고 이 책에 소개된 정의를 위해 곳곳에서 일하는 좋은 검사들이 있다는 사실에 희망을 가지게 된다.

책을 읽으면서 '검찰은 어떻게 가야 하는가?'라는 물음 앞에 잠시 생각이 깊어졌다. 우리는 더 나은 사회를 만들기 위해 무엇을 고민해야 할까. 다 같이 이 책을 읽으면서 한 번쯤 생각에 잠기었으면 한다. 끝으로 저자 최정규 변호사와 함께 이 세상에 살아가고 있음에 뿌듯하다.

_검찰 직장 내 괴롭힘 피해자 고 김홍영 검사 아버지 김진태

오랜 시간 과거사 사건에 매달려왔던 나는 과거 경찰, 국정원, (구)기무사 등에서 고문 등으로 억울한 수감살이를 해야 했던 피해자들을 만나고 그들을 구제하기 위해 힘써왔다. 피해자들 대부분 짧게는 며칠에서 길게는 몇 개월씩 공안기관에 구금된 채 물고문, 전기고문, 구타, 잠 안 재우기 등 상상하기 어려운 고문을 당하며, 범죄자로 조작되어야 했다.

그러한 고통 속에서도 피해자들이 굳게 의지하고 믿었던 희망 하나가 있었다. '이 고통스러운 시간이 지나가고 검찰로 송치되면 검사 앞에서 모든 진실을 말하리라. 그리하면 검사는 나의 억울함을 해결해주고, 나를 괴롭혔던 수사관들을 처벌해줄 것이다…' 그러나 인권의 보루로서의 검찰은 없었다.

최정규 변호사의 소중한 경험이 녹아 있는 이 책을 통해 수십 년간 계속돼온 대한민국 검찰의 행태가 조금은 달라지길 기대해본다. 그것은 한 권의 책으로서가 아닌 이 책을 읽는 독자들의 깨어 있는 감시와 요구가 있을 때 가능한 것이다. 부디 이 책을 통해 정의가 강물처럼 흐르는 대한민국이 되길 간절히 바라보며, 수고롭게 이 책을 집필한 저자에게 다시 한번 감사의 인사를 전한다.

_평화박물관 변상철 연구위원

'법'이라는 길은 하나지만, 법 앞에 선 이들이 마주하는 건 수많은 골목과 벽이다. 어떤 조항이 나에게 유리한지, 어떤 소송을 언제 어떻게 시작해야 하는지, 나의 변호사가 하는 말은 맞는 건지…. 전국의 법조 단지마다 유독 짙은 억울함이 끼어 있는 이유다. 최정규 변호사는 이 억울한 얼굴들에 법원과 검찰의 책임은 없는지 습관적으로 살핀다.

"검찰과 법원이 내리는 결과는 존중하지만, 절차를 제대로 진행하지도 않는 건 정말 못 참겠더라고요."

2년 전 그가 남긴 메시지다. 재벌과 검찰 고위 간부에 대해서는 빠르게 작동하던 검찰수사심의위원회가 이주 노동자와 지적장애인 사건은 외면했을 때였다. '검수완박'과 '검수덜박'이 어지러운 시대, 그는 '민원실 개혁'에 우선순위를 둔다. 수사기관의 주인은 평범한 시민이라는 답을 내리면서다.

_중앙일보(전 JTBC) 오효정 기자

처음 만난 자리에서 마주친 최정규 변호사의 눈빛을 기억한다. 조작 간첩 피해자들을 대변하는 자리에서 그의 동공에 어리던 뜨거운 빛깔. 그의 뜨거움은 쉬이 식어버리곤 하는 나의 뜨거움과는 달라서 늘 나를 부끄럽게 한다. 장애인, 고문 피해자, 군 자살 유족, 외국인 노동자…. 국가라는 이름 앞에 짓밟힌 장삼이사들을 찾아갔을 때 그는 예전의 그 뜨거운 눈빛을 하고 사람들 옆에 서 있었다.

그 뜨거움은 파괴적 분노로 변질돼버리고 마는 어떤 뜨거움들과도 달랐다. 책임도, 대안도 없는 검찰 해체론이 정치권에 난무하던 계절, 검찰을 진정한 '공익의 대표자'로 거듭나게 할 방법을 찾아야 한다고 말하던 그의 눈에는 냉정함이 깃들어 있었다. 쉽게 식지 않으며, 냉정함 또한 머금고 있는 최 변호사의 뜨거움을 그래서 나는 '유별난 뜨거움'이라고 생각해왔는데, 사람과 제도를 대하는 그의 유별난 뜨거움이 이 책에 오롯이 담겨 있다.

_SBS 원종진 기자

서울시 공무원으로 근무했을 때 누군가 나에게 상담 요청을 해왔다. 수사기관에서 부당한 대우를 받았고 회유와 협박을 받았다는 내용이었다. 그러나 나는 그분의 고민에 무관심했고 내 업무와 상관없다고 생각하고 잊었다. 그로부터 얼마 뒤, 서울시 공무원 간첩 조작 사건이 터졌고 나는 그 당사자가 되었다.

대한민국 건국 이후 70여 년 동안 수많은 공안 사건, 간첩 사건들이 수사기관에 의하여 조작되었다. 일부는 나중에 각고의 노력 끝에 진실이 조금 밝혀지기도 하였지만 그런 사건에도 항상 남는 건 피해자뿐이었고 가해자는 온데간데없었다. 그 가해의 중심에는 검찰이 있었기 때문이다.

나는 현재 논의되고 있는 검찰 개혁이 어떻게 진행되어야 내 사건 같은 일이 더 이상 발생하지 않고 가해자를 잘 처벌하고 책임지게 하는

지 구체적으로는 모른다. 그렇지만 이 책에서 제안하는 것처럼 검찰은 공익의 대표자로 본연의 모습을 되찾고, 시민들도 자신이 언제든지 당사자가 될 수 있음을 잊지 않고 스스로의 권리를 찾아 나간다면 우리 사회에 정의와 희망이 아주 불가능한 것만은 아니라고 믿는다. 더 많은 분들이 이 길에 함께하시기를 소망해본다.

_서울시 공무원 간첩 조작 사건 피해자 유우성

놀랍다! 검사의 직무가 '국민 전체에 대한 봉사자로서 국민의 인권을 보호'하는 것이라니? 나는 그동안 '검사(檢事)'를 어떻게 이해하고 있었나? '칼을 쓰는 무술에 능한 사람, 검사(劍士)'라고 이해하고 있지 않았나? 최정규 변호사는 이런 오해가 나의 무지 때문이 아니라 검찰이 본연의 역할을 제대로 하지 않았던 그간의 흑역사 때문이라고 말해준다. 나아가 그는 '검(劍)'이 누구를 향하고 있는지, 그 칼끝이 시민을 향해 사회적 약자들에게 무자비한 폭력을 저질러온 것은 아닌지 따져 묻는다. 검찰이 제 본연의 의무를 다하는지 우리 모두 함께 지켜보고 감시할 것을 권하며.

시민의 명령을 거부하는 불량한 검사들, 지난날의 과오를 반성하지 않는 유령 검사들. 그들이 '권력'이라는 옷을 벗어 던지고 시민의 품으로 돌아오기를, 그리고 우리가 함께 그 길을 다시 시작할 수 있기를 기대해본다.

_경기도 학대피해장애인쉼터 원장 이건희

"검사는 국민 전체에 대한 봉사자로서 국민의 인권을 보호하고 적법절차를 준수하며 주어진 권한을 남용해서는 안 된다(검찰청법 제4조 제3항)." 오늘날의 검사들은 법대로 국민의 봉사자 역할을 충실히 해내고 있을까. 장애인, 미등록 이주민, 노동자, 수형인 등 사회적 약자의 권리를 대변해온 최정규 변호사는 그렇지 않다고 말한다. "나쁜 놈 잡는 게 검사"라고 말하는 검사들은 넘쳐나도 수사·기소 과정에서 어떻게 시민에게 검찰권을 공정하게 행사할지, 시민의 기본권을 온전히 보장할지를 고민하는 검사들은 많지 않기 때문이다. 저자는 권력자에게는 쉽게 편의를 제공하면서도 평범한 시민에겐 얼굴 한 번 비치지 않는 검사들, 조직 논리에 매몰돼 과오를 되돌아보지 않는 검사들, 제 식구 일이라면 '봐주기'하는 검사들의 어두운 실태를 고발한다. 검찰 개혁의 실체가 의문스러운 상황에서 '진짜' 검찰 개혁이 무엇인지 알고 싶은 이들에게 이 책을 추천한다.

_경향신문 이보라 기자

누군가는 '계란으로 바위 치기' 싸움이라고 하지만, 부당한 현실에 맞서 기꺼이 링 위에 오르는 굳센 사람들이 있다. 내가 아는 최정규 변호사가 그렇다. 그의 전작 《불량 판결문》이 사법부의 민낯을 드러냈다면 이번엔 검찰이다. 이 책은 '사회적 이목' 밖에 있는, 힘없는 자들 옆에서 그가 경험한 검찰조직의 부조리를 고발한다.

유력 정치인 직접 수사권은 절대 사수해야 한다면서 왜 이주 노동자 임금 체불 사건의 공소 유지는 대충 넘기는지, 재벌 총수는 마약 사건까지 검찰수사심의위원회가 열리는데 왜 32년간 피해를 본 사찰 노예 사건은 소집 요청을 거부당하는지, 저자는 따지고 파헤친다. 모든 시민을 위한 검찰 개혁의 방향이 궁금하다면 일독을 권한다.

_서울신문 진선민 기자

이 책을 읽다가 문득 궁금해졌다. 대한민국 검사 2,292명(정원) 중 임금 체불 피해 경험자는 몇 명이나 될까. 직접 당해본 사람이라면 책 속 검사들처럼 떼인 임금의 5분의 1에 불과한 벌금을 선고 요청하거나, 유죄 입증에 불리한 증언이 나오는데도 넋 놓고 있지는 않았을 테다.

"우리는 우리가 경험한 넓이와 깊이만큼 세상을 볼 수밖에 없다."(248쪽) 저자는 권력을 가진 공직자일수록, 사회적 약자에 대한 공감과 역지사지의 자세가 필수임을 일깨워준다. 우리가 진정 바라는 건 거악 척결에만 열 올릴 게 아니라 '내 사건'에 열성을 다하는 검사가 아니던가.

'세상이 원래 그렇지' 냉소하기 쉬운 이 시대에, 항상 현장의 약자 옆에 서는 '따뜻한 변호사 최정규'는 굳센 마음으로 법과 검찰의 존재 이유를 되묻는다. 절박한 마음으로 찾아온 시민을 문전 박대하는 대신, 법에 따라 구술고소도 받는 친절한 검찰을 상상해보자고 제안하면서….

_한국일보 최나실 기자

차 례

1장 검찰, 그들은 누구인가?

2장 힘없는 자는 넘을 수 없다 :
최고 수사기관 검찰의 문턱

1장

/

검찰,
그들은 누구인가?

검찰에 대한
오해와 이해 사이

나쁜 놈들을 잘 잡으면 된다?
검찰에 대한 오해의 시작!

"검찰은 법과 상식에 맞게 진영을 가리지 않고 나쁜 놈들을 잘 잡으면 된다."[1]

검사장 출신 한동훈 법무부장관이 장관 후보 지명 이후 검찰 개혁 과제와 관련한 질문을 받고 답한 내용이다. 그의 대답 앞에서 우리는 이런 의문을 가지게 된다. 나쁜 놈들 잡는 역할은 경찰도 하는데 도대체 검찰은 뭐가 다른 것일까? 경찰은 작은 도둑을 잡고 검찰은 큰 도둑을 잡는 것일까?

총을 들고 범행 현장에 나가 범인을 잡는 검사의 모습이 영화나 드라마에 자주 등장하다 보니 더더욱 우리의 의문은 증폭된다. 서울고등검찰청에서 직접 운영하는 블로그의 '드라마 속 검찰의 모습, 실제 모습은 어떨까?'라는 제목의 글에서는 우리가 생각하는 검사의 모습은 실제 검사의 모습과 다르다고 말한다.[2]

검사도 총기를 소지하고 경찰과 함께 현장에서 직접 범인을 잡는다?

NO! 검사는 총기를 소지하지 않습니다. 그리고 범죄 사건을 수사하는 건 맞지만 경찰과 함께 현장에서 직접 범인을 잡지는 않습니다. 검사는 범죄 여부를 판단하기 위해 피의자를 법원에 기소하는 일을 담당하는 직업입니다.

(중략)

총기를 소지하여 현장에서 직접 범인을 잡는 일은 검사의 업무보다는 경찰의 업무라고 볼 수 있을 것 같습니다.

실제 범죄 수사의 99%는 검찰이 아닌 경찰이 담당한다. 나쁜 놈들 때려잡는 일이 검찰의 역할 중 하나인 것은 사실이나 이런 모습만 강조하다 보면 실제 검찰의 역할에 대한 오해를 불러일으킬 수 있다. 나쁜 놈들 때려잡는 일보다 훨씬 더 중요한 역할을 위해 검찰은 탄생했다.

검찰제도,
시작은 '인권보호' 때문이었다

검찰제도를 살펴보기에 앞서 과거부터 내려온 형사 사법 절차를 먼저 알아보자. 사극을 보면 자주 나오는 장면 중의 하나인데, 고을 원님과 포승줄에 묶여 무릎을 꿇은 백성이 나누는 대화다.

> **원님** : 네 죄를 네가 알렷다!
> **백성** : 아닙니다. 소인은 죄가 없습니다.
> **원님** : 아직 뉘우치지 않고 있구나. 바른대로 말할 때까지 매우 쳐라!

죄의 유무를 판결하는 재판관이면서 동시에 죄를 추궁하는 역할을 맡은 원님은 잡혀 온 자가 자백을 할 때까지 고문을 서슴지 않는 등 반인권적인 행태를 자행한다. 이런 제도가 행해졌던 때를 규문(糾問, 뜻 : 죄를 따져 물음)주의 시대라고 한다. 판사, 검사가 나뉘어 있지 않고 권력을 가진 자가 판·검사가 되어 북 치고 장구 치고 혼자 다 하는 것이다. 유럽 중세시대까지 규문주의는 아주 보편적인 제도였고, 우리나라도 조선시대까지 이 제도를 유지했다. 르네상스 이후 유럽에서는 인권이 중시되면서 규문주의에 대한 반성이 일었고, 죄를 추궁하는 소추기관과 판결을 하는 재판기관을 권력과 분리해 설치해야 한다는 목소리가 높아졌다. 그렇게 시작된 제도가 바로 검찰제도다. 따라서 검찰제도의 핵심은 첫째는 시민들의 인권 보호, 둘째는 정치 권력으로부터 분리다. 이 두 핵심을 가장 잘 담은 표현은 "공익의 대표자"다.

이제 대부분의 문명국가에서는 검찰제도를 두고 있다. 공익의 대표자로서의 역할이 변질되지 않도록 검찰은 사법부에 버금가는 독립성을 부여받고 있어 준사법기관으로 불린다. 검찰의 독립성을 보장하기 위해 행정부가 아닌 사법부에 직속시키거나 최고사법평의회 등 합의체기구의 통제를 받도록 하는 나라도 있다.

검찰의 존재 이유…
나쁜 놈들 때려잡는 일보다 더 중요한 일

2002년 10월 사법연수원 2년 차, 법조인이 되기 위해 마지막 시험을 치르고 있었던 시기라 세상에서 일어나는 일에 신경 쓸 겨를 없이 눈코 뜰 새 없이 바빴지만 서울지방검찰청(현 서울중앙지방검찰청)에서 수사를 받던 피의자가 사망했다는 소식을 접하고 깜짝 놀랐던 기억이 있다. 헌법 제12조 제2항은 '모든 국민은 고문을 받지 아니하며 형사상 자기에게 불리한 진술을 강요당하지 않는다'고 규정하고 있다. 그러나 그 당시 검사와 수사관들은 물고문을 자행했고, 그 과정에서 피의자가 사망한 일이 벌어진 것이다.

군부독재 시대를 지나 문민정부, 더 나아가 군부독재 시대의 피해자였던 분이 대통령으로 재임하고 있던 2002년에 일어난 '서울지검 고문치사 사건'은 많은 것을 시사한다. 검찰이 나쁜 놈을 때려잡는 일에만 몰두하고 인권보호를 소홀히 할 경우 이런 일은 언제든 일어날 수 있다는 것이다.

세상에 나쁜 놈들 활개 치고 다니는 걸 그대로 내버려두라고 할 시민은 단 한 명도 없을 것이다. 검찰이 나쁜 놈들 모두 잡아들였으면 좋겠다는 마음은 다 똑같다. 그러나 우리는 이 말을 곱씹어보아야 한다. '99명의 범인을 놓치더라도 1명의 억울한 피해자를 만들지 말라.' 왜냐하면 나쁜 놈들 다 잡혔으면 하는 바람을 가진 우리들 중 누구나 1명의 억울한 피해자가 될 수 있기 때문이다. 그 억울한 피해자가 생기지 않도록 하는 일, 바로 그 일을 하려고 검찰은 탄생했다. 이건 나쁜 놈들 잡아들이는 일보다 훨씬 더 중요한 일이며 검찰의 존재 이유가 바로 여기에 있다.

대한민국 120년 검찰 역사, 그리고 고위공직자범죄수사처

○ **정갑윤 위원 :** 울산 중구 출신 정갑윤 위원입니다. 저는 비법조인으로서 오늘 국정감사장에 앉아 있으면서 이런 우리 대한민국 검찰조직을 믿고 우리 국민들이 안심하고 사나 정말 걱정됩니다. 하다못해 세간의 조폭보다 더 못한 조직입니다. 여기 계시는 검사들 다 한번 생각해보세요, 가슴에 손을 얹고. 이것이 도대체 무슨 꼴입니까, 무슨 꼴!

우선 윤석열 지청장 한번 일어서 보세요. 그 자리에서 일어서 보세요, 마이크 들고. 앞에 불러내기도 싫어요. 우리 증인은 혹시 조직을 사랑합니까?

○ **수원지방검찰청 여주지청장 윤석열 :** 예, 대단히 사랑하고 있습니다.

○ **정갑윤 위원 :** 사랑합니까? 혹시 사람에 충성하는 것은 아니에요?

○ **수원지방검찰청 여주지청장 윤석열** : 저는 사람에 충성하지 않기 때문에 제가 오늘도 이런 말씀을 드리는 겁니다.

○ **정갑윤 위원** : 앉으세요.

[2013년도 국정감사 법제사법위원회 회의록(2013년 10월 21일) 33쪽 중 발췌]

2013년 10월 21일 국회 법제사법위원회의 서울고등검찰청 국정감사에서 당시 법제사법위원이었던 정갑윤 새누리당 의원과 여주지청장이었던 윤석열 검사의 문답 내용이다. 문답 내용 전체를 보면 '좌천된 검사의 한결같은 검찰 짝사랑'처럼 들리는 그저 그런 이야기인데, "저는 사람에게 충성하지 않는다"는 발언만 강조된 채 권력자의 명령에 맹목적 복종을 거부하는 강직한 검사의 상징이 되었다.

권력자에게 충성하지 않고 공익의 대표자로서 시민들의 인권을 보호하는 것은 검사로서 너무나 당연한 일일 텐데, 당시 윤석열 검사의 이 말이 계속 회자되는 건 우리 역사에서 검사가 그 당연한 역할을 제대로 하지 못했기 때문일 것이다.

독재 통치 수단으로 전락한
우리나라의 검찰제도

그 어떤 정치 권력으로부터 독립하여 시민의 인권보호를 위해 공익 대표자 역할을 수행하도록 고안된 검찰제도는, 우리나라 역사 속에서는 시작부터 비정상적으로 출발했다. 1895년 공포된 '재판소구성법'에서 시작된 검찰제도, 일제강점기 일본은 식민 통치의 효율성을 극대화하기 위해 법원의 영장 없이 검찰에 독자적인 강제 수사권을 부여했다. 일본을 등에 업고 무소불위의 권력을 손에 쥐게 된 검찰은 시민들의 인권을 탄압하는 도구로 악용되었다.

조선형사령 [시행 1912. 4. 1.] [조선총독부제령 제11호, 1912. 3. 18. 제정]

제12조 제1항
검사는 현행범이 아닌 사건이라 하더라도 수사 결과 **급속한 처분을 요하는 것으로 인정되는 때**에는 공소 제기 전에 한하여 영장을 발부하여 검증·수색·물건을 차압하거나 피고인·증인을 신문하거나 감정을 명할 수 있다.

15조
검사는 피고인을 구류한 경우에 20일 내에 기소 수속을 하지 아니한 때에는 석방하여야 한다.

'급속한 처분을 요하는 것으로 인정되는 때'라는 조건이 달리기는 했지만 사실상 검사는 자유롭게 누구의 집이든 들어가 탈탈 털어 증거를 수집하는 강제 수사를 마음대로 할 수 있었고, 범죄를 저질렀다고 의심되는 사람을 붙잡고 죄를 추궁할 수 있는 기간도 최장 20일이나 확보할 수 있었다. 규문주의를 타파하고 인권보호를 위해 도입했다는 제도 취지가 무색할 만큼 일제강점기의 검찰제도는 시작부터 변질되어 있었다.

"법이라는 외피를 두르기는 하였으나 그 자체 폭압적 깡패집단에 다르지 않았다."

이헌환 교수(아주대학교 법학전문대학원, 현 헌법재판연구원 원장)는 자신의 논문 '검찰 개혁 : 원인과 처방'(한국헌법학회, 〈헌법학연구〉 제16권 제1호, 2010.3, 25p.)에서 일제강점기 검찰상을 위와 같이 표현했다. 1945년 해방 이후 미군정은 일제강점기의 반인권적인 형사 절차를 개혁하고자 하였다. 대한민국 정부가 수립된 이후인 1949년 12월 20일, 제정과 동시에 시행된 검찰청법은 검사의 직무를 설명하며 '공익의 대표자'라는 칭호를 붙였다.

검찰청법 [시행 1949. 12. 20.] [법률 제81호, 1949. 12. 20. 제정]

제5조 검사는 다른 법령에 의하여 그 권한에 속하는 사항 이외에 형사에 관하여 **공익의 대표자**로서 좌의 직무와 권한이 있다.

1. 범죄 수사, 공소 제기와 그 유지에 필요한 행위
2. 범죄 수사에 관한 사법경찰관리의 지휘 감독
3. 법원에 대한 법령의 정당한 적용의 청구
4. 재판 집행의 지휘 감독

그러나 검찰은 공익의 대표자가 아니라 정권의 나팔수로 권위주의 독재 통치의 수단으로 전락하고 말았다. 사법살인, 죄가 없음에도 불구하고 사형선고를 받아 사형을 당하는 것을 일컫는 말이다. 억울하게 형장의 이슬로 사라진 후 유족들의 요청으로 뒤늦게나마 재심이 열려 무죄가 선고된 대표적인 사법살인 사건에는 아래 두 사건이 있다.

진보당 사건

검찰이 조봉암을 비롯한 진보당 간부들을 국가변란, 간첩죄 혐의로 기소하여 조봉암에 대해 사형을 선고받아 1959년 7월 31일 사형을 집행한 사건. 2022년 1월 대법원은 이 사건에 대해 무죄를 선고

인민혁명당 재건위 사건

검찰이 유신체제에 대한 반대 활동을 한 학생들을 정부를 전복하려는 불순 반정부세력으로 규정하여 이들이 1960년대 인민혁명당을 재건하려고 했다는 혐의로 기소하였고, 8명에 대한 사형을 선고받아 대법원 확정판결 18시간 만인 1975년 4월 9일 새벽 사형이 집행되었다. 제네바에 본부를 둔 국제법률가협회는 이날을 '사법사상 암흑의 날'이라고 규정하기도 했다. 2007년 1월 23일 서울중앙지방법원은 8명에 대해 무죄를 선고

사법살인까지는 아니더라도 수많은 시민들이 독재 통치의 수단으로 전락한 검찰의 기소 대상이 되어 고초를 당해야 했다(대표적 사건인 '납북 귀환 어부 사건'은 4장 '과거 검찰의 흑역사에 대한 검찰의 오락가락 태도'에서 자세히 살펴볼 예정이다).

독재자의 광기 어린 칼날로부터 시민을 보호해야 할 공익의 대표자 검찰은 그 역할을 제대로 해내지 못하고 독재 세력에 철저히 부역하여 권력의 도구로 전락한 것이다. 이런 비판에 대해 "그 당시 모든 국가기관이 다 그랬는데 검찰만 콕 집어 비판하는 건 불공평한 것이 아니냐?" "검사도 국가공무원이기에 권력에 복종할 수밖에 없었던 것이 아니냐?"고 반론을 제기하는 사람들이 있다. 나는 그 반론에 동의할 수 없다. 검찰제도는 국가에 봉사하기 위해 만들어진 것이 아니

라 시민들의 인권보호를 위해 만들어진 제도이기 때문이다.

성공한 쿠데타는 처벌할 수 없다?
검찰 흑역사의 정점

개인의 인권을 침해하는 그 모든 권위를 부정하는 것이 지극히 당연한 일이어야 하는 법률가로서의 검사가 가장 실망스럽게 느껴졌던 순간은 내가 갓 대학에 입학한 1995년 무렵이다. 법학도로 처음 법학을 접한 나는 법이 역사를 바꿔줄 것이라는 기대를 했었다. 당시 12·12 군사쿠데타와 5·18민주화운동의 진상 규명과 책임자 처벌을 요구하는 목소리가 높았고, 시민사회단체의 고발로 전두환, 노태우 등 책임자들이 수사를 받게 되었다.

그런데 검찰은 불기소처분을 내리면서 그 논거로 '성공한 쿠데타는 처벌할 수 없다'는 논리를 들었다. '5·18민주화운동 등에 관한 특별법'이 제정된 이후에야 검찰은 부랴부랴 입장을 바꿔 전두환, 노태우 등 5·18 가해자들을 기소하여 재판에 넘겼다. 그러나 공익의 대표자이자 국민 전체에 대한 봉사자인 검사가 적폐 청산에 앞장서야 할 때 뒷걸음을 친 이 과정에서, 검찰은 국민의 신뢰를 다시 한번 잃었고 그 대가를 톡톡히 치러야 했다.

검찰 흑역사의 정점을 지난 후 1997년 1월, 검찰청법에는 다음

> **검찰청법 [시행 1997. 1. 13.] [법률 제5263호, 1997. 1. 13. 일부개정]**
>
> 제4조 제2항
> 검사는 그 직무를 수행함에 있어서 국민 전체에 대한 봉사자로서 정치적 중립을 지켜야 하며 부여된 권한을 남용하여서는 아니 된다.

과 같은 규정이 신설되었다.

검찰제도가 생긴 존재의 이유이자 너무나 당연한 이야기가 검찰청법에 아로새겨 기재되어야 할 만큼 검찰의 흑역사는 우리 역사에 너무나 길고도 깊었다.

검찰 흑역사의 결과로 등장한 특별검사제도와
고위공직자범죄수사처

'성공한 쿠데타는 처벌할 수 없다'는 논리로 검찰 흑역사의 정점을 찍은 후, 살아 있는 권력에 대한 수사 및 기소를 검찰에 맡겨둘 수 없다는 시민들의 목소리가 높았다. 그럴 때마다 국회에서는 특정 사건에 대한 검찰의 수사 및 기소 권한을 빼앗아 별도의 임시조직인 특별검사에 맡기는 법안을 발의해 통과시켰다. 조폐공사 파업 유도 사건, 옷로비 사건, 이용호 게이트, 대북 송금, 삼성 비자

	공포일	특검 관련 법률명	해당 사건 또는 특검	특별 검사
국민의 정부	1999. 9. 30	한국조폐공사 노동조합 파업 유도 및 전 검찰 총장 부인에 대한 옷로비 의혹 사건 진상 규명을 위한 특별검사의 임명 등에 관한 법률	조폐공사 파업 유도 사건, 옷로비 사건	강원일, 최병모
	2001. 11. 26	주식회사 지앤지 대표이사 이용호의 주가 조작·횡령 사건 및 이와 관련된 정·관계 로비 의혹 사건 등의 진상 규명을 위한 특별검사의 임명 등에 관한 법률	이용호 게이트	차정일
참여 정부	2003. 3. 15	남북정상회담 관련 대북 비밀 송금 의혹 사건 등의 진상 규명을 위한 특별검사의 임명 등에 관한 법률	대북 송금 특검	송두환
	2003. 12. 6	노무현 대통령의 측근 최도술·이광재·양길승 관련 권력형 비리 의혹 사건 등의 진상 규명을 위한 특별검사의 임명 등에 관한 법률		김진흥
	2005. 7. 21	한국철도공사 등의 사할린 유전 개발 사업 참여 관련 의혹 사건 진상 규명을 위한 특별검사의 임명 등에 관한 법률		정대훈
	2007. 12. 10	삼성 비자금 의혹 관련 특별검사의 임명 등에 관한 법률	삼성 비자금 특검	조준웅
	2007. 12. 28	한나라당 대통령 후보 이명박의 주가 조작 등 범죄 혐의의 진상 규명을 위한 특별검사의 임명 등에 관한 법률	BBK 주가 조작 사건	정호영
이명박 정부	2010. 7. 12	검사 등의 불법자금 및 향응수수 사건 진상 규명을 위한 특별검사의 임명 등에 관한 법률		민경식
	2012. 2. 22	2011. 10. 26 재보궐선거일 중앙선거관리위원회와 박원순 서울시장 후보 홈페이지에 대한 사이버테러 진상 규명을 위한 특별검사의 임명 등에 관한 법률	2011년 하반기 재보궐선거/선관위 공격 사건	박태석
	2012. 9. 21	이명박 정부의 내곡동, 사저부지 매입 의혹 사건 진상 규명을 위한 특별검사의 임명 등에 관한 법률		이광범

	공포일	특검 관련 법률명	해당 사건 또는 특검	특별 검사
박근혜 정부	2016. 11. 22	박근혜 정부의 최순실 등 민간인에 의한 국정 농단 의혹 사건 규명을 위한 특별검사의 임명 등에 관한 법률	박근혜-최순실 게이트	박영수
문재인 정부	2018. 5. 29	드루킹의 인터넷상 불법 댓글 조작 사건과 관련된 진상 규명을 위한 특별검사의 임명에 관한 법률	드루킹 여론 조작 사건	허익범

금 특검, BBK 주가 조작 사건, 박근혜-최순실 게이트, 드루킹 여론 조작 사건 등에서 총 12번의 특검법이 다음과 같이 가동되었다 (2022년 4월 26일 성추행 피해 공군 부사관 사망 사건 관련 '공군20전투비행단 이예람 중사 사망 사건 관련 군 내 성폭력 및 2차 피해 등의 진실 규명을 위한 특별검사 임명 등에 관한 법률'은 군검찰 관련 사건이므로 제외한다).

검찰에 대한 시민들의 신뢰는 회복되지 못하고 계속 추락했고, 이에 특정 사건에 대한 특별검사제도를 뛰어넘어 별도의 기관을 설립해야 한다는 목소리가 높아졌다. 그 결과 문재인 정부의 검찰 개혁의 일환으로 고위공직자의 범죄에 대한 수사 및 기소를 아예 검찰에서 분리하여 제3의 기관에 부여하는 '고위공직자범죄수사처의 설치 및 운영에 관한 법률'이 2020년 1월 14일 제정되어 2020년 7월 15일부터 시행되고 있다.

국가를 위한 봉사? 비겁한 자기합리화!

용산 참사를 모티브로 하여 만든 영화 〈소수의견〉(김성제 감독, 2015). 이 영화에서 경찰 작전 중에 사망 사건이 벌어지자 검찰은 사건을 조작하고 은폐하려 한다. 하지만 국선변호인과 언론인의 노력에 힘입어 진실을 은폐하려는 검찰은 실패하고 다행히 진실은 밝혀진다. 영화는 조작 은폐의 상징인 검사 홍덕배가 검사를 그만두고 이제는 변호사로서 국선변호인과 우연히 마주쳐 나누는 대화로 마무리된다.

"국가라는 것은 말이다. 누군가는 희생을 하고 누군가는 봉사를 하고 그 기반 위에서 유지되는 거야. 말하자면 박재호는 희생을 한 거고 나는 봉사를 한 거지. 근데 넌, 결국 넌 뭐 한 거냐. 니가 하는 게 뭐야 인마."

(* 박재호는 철거 현장에서 아들을 잃고 우발적으로 진압 경찰관을 때려 죽게 한 혐의로 재판을 받는 피고인이다.)

흑역사를 쓴 검사들은 영화 속 홍덕배 검사처럼 국가에 봉사를 했다고 생각했는지도 모르겠다. 그러나 이건 비겁한 자기합리화일 뿐이다. 그들은 국가를 위해 봉사한 것이 아니라 자신의 안위를 위해 권력자에게 빌붙어 법을 악용하도록 도운 악덕 법 기술자였을 뿐이다.

수사권과 기소권 사이에서 잊지 말아야 할 검찰의 의무

검찰에게 주어진 막강한 권한,
수사권? 기소권?

2020년 8월 전남 곡성에서 산사태로 마을 주민 5명이 안타깝게 숨지는 사고가 일어났다. 이 사고가 자연재해가 아니라 인근 도로 공사 현장에서 안전조치를 게을리해 일어난 인재(人災)라고 판단한 경찰은 25명 규모 합동조사팀을 꾸려 대대적인 수사에 나섰다. 경찰은 수사를 통해 토사가 마을로 흘러내리는 것을 막을 수 있는 안전시설이 설치되어 있지 않은 점을 확인했고, 공사 관계자들에게 업무상 과실치사 등의 혐의를 적용해 사건을 2020년 10월 검찰로 송치했다.

그러나 2022년 8월이 지나도록 검찰은 공소 제기를 미루고 있는 상황이다. 검찰은 감정 결과를 기다린다며 기소 여부 판단을 잠깐 멈추는 기소 중지 결정을 내리기도 했다. 한편 그사이 감정을 맡은 한국산업안전보건공단은 '우리는 노동자가 사망한 사건을 조사하는 기관이므로 주민이 숨진 사건은 조사가 어렵다'고 검찰에 회신했다. 이 사실이 언론 보도를 통해 공개되자 시민들의 공분을 샀다.

언론 보도 직후 검찰은 2022년 7월 22일 부랴부랴 현장 검증을 한다며 사고 현장을 다시 찾았지만, 기소가 지체된 이유를 묻는 기자의 질문에 줄행랑을 치는 검사의 모습이 카메라에 고스란히 담겼다.[3]

이 뉴스를 통해 우리는 검찰이 가진 막강한 권한의 실체를 알게 된다. 검찰 수사권의 축소가 검찰 개혁의 과제로 등장한 이래 수사권이 집중 조명되고 있지만, 눈여겨봐야 할 것은 수사권이 아니라 기소권이다. 누가 수사를 하든 피의자를 형사재판에 넘기는 결정인 기소권은 전적으로 검찰에게 주어져 있다. 곡성 산사태 사건을 수사한 경찰은 두 달 만에 수사를 마치고 업무상 과실치사죄 등으로 공사 관계자를 기소해야 한다는 의견으로 사건을 검찰에 송치했다. 하지만 검찰은 2년 동안 기소 여부를 결정하지 않고 있다.

경찰이 수사 결과 기소해야 한다고 해도 검찰은 불기소할 수 있고, 경찰이 수사 결과 기소를 할 필요가 없다고 해도 검찰은 기소할 수 있다. 그렇다면 검찰에게 주어진 가장 막강한 권한은 무엇일까? 수사권보다는 기소권이 아닐까? 또한 그 권한을 제대로 행사하지 않을 경우 시민들에게 더 큰 피해를 입게 하는 것은 무엇일까? 역시 수사권보다 기소권이 아닐까? 검찰에 대한 오해를 넘어 제대로 이해하기 위해서 우리가 반드시 짚고 넘어가야 할 부분이다. 검찰 수사권에 대한 통제가 필요한 만큼 검찰 기소권에 대한 통제 역시 필요하다.

수사권, 기소권 행사에도 잊지 말아야 할 일, 피의자 인권보호

2020년 12월 8일 검찰청법 개정에서 "헌법과 법률에 따라 국민의 인권을 보호하고 적법절차를 준수하며"라는 문구가 추가되었다. 이 문구를 추가한 이유에 대해 법제처는 '검찰은 국민의 안녕과 인권을 지키는 법 집행기관으로서 검찰의 막강한 권한은 주권자인 국민을 위하여 행사되어야 하는 바, 검사가 그 직무를 수행할 때 국민 전체에 대한 봉사자로서 헌법과 법률에 따라 국민의 인권을 보호하고 적법절차를 준수할 의무가 있음을 명시하려는 것임'이라고 밝혔다.

이렇듯 공익의 대표자인 검사는 헌법과 법률에 따라 국민의 인권을 보호해야 한다. 인권보호라는 단어를 보면 우리는 본능적으로 피해자의 인권을 떠올린다. 그런데 피해자의 인권만큼 중요한 건 지금 가해자로 몰려 검사 앞에 서 있는 피의자의 인권이다. 피의자의 인권이 중요한 건 그 피의자가 실제 가해자가 아닐 수 있다는 가능성이 존재하기 때문이다. 형사 사법 제도의 대원칙인 '무죄 추정의 원칙'에 따라 법원의 유죄 확정판결이 선고되기 전까지는 범죄자로 낙인찍는 일은 삼가야 한다. 그런데 현실은 어떠한가? 검사가 피의자의 유죄를 입증하기 위해 수단과 방법을 가리지 않는 일도 일어나고 있다.

"피의자가 반드시 지켜야 할 행동지침이 두 가지 있다. 첫째는 아무것도 하지 말라는 것이다. 둘째는 변호인에게 모든 것을 맡기라는 것이다."[4]

위 글은 2006년 9월 한겨레신문에 그 당시 현직 검사였던 서울중앙지방검찰청 금태섭 검사의 '수사받는 법'이라는 연재 첫 번째 글에 담긴 내용이다. 나도 변호사로서 피의자 변론을 하며 이런 경험을 많이 해봤다. 그중 생각나는 에피소드가 있다.

뺑소니범으로 몰려 수사를 받고 있는 피의자의 변론을 맡은 적이 있다. 함께 출석한 검찰조사에서 피의자는 "차량을 충격한 사실조차 없는데 상대방이 거짓말로 부딪혔다고 주장한다"고 명확하게 자기 입장을 밝혔고, 교통사고를 분석 감정하는 사설 감정기관에

교통사고 관련 자료를 맡겨 피해자의 주장이 허위일 가능성이 높다는 취지의 의견서까지 받아 제출했다. 그런데 검사는 피의자를 불러놓고 하루 종일 똑같은 취지의 질문을 이리 묻고 저리 묻다가 퇴근시간인 저녁 6시 무렵이 되어서는 노골적으로 이런 제안을 해왔다. "자백을 하면 선처를 해줄 텐데, 이렇게 우기면 더 안 좋은 결과가 나올 수 있습니다."

하루 종일 답하느라 기운이 다 빠진 피의자는 검사의 그 말에 귀가 솔깃했는지 분위기가 이상하게 흘러가기 시작했다. 변호인인 나는 잠깐 휴식을 요청하고, 민원인 대기실에서 피의자와 대화를 나누며 "자백하지 않으면 절대로 기소할 수 없을 테니 끝까지 정신 차립시다!"라고 각오를 다지고 다시 조사에 임했다. 다행히 피의자는 끝까지 자신의 입장대로 무죄 주장을 유지했다. 자백을 하지 않고 우기면 더 안 좋은 결과가 나올 수 있다는 검사의 말은 객관적 증거가 부족한 상황에서 자백을 이끌어내기 위한 으름장이라고 생각한 내 판단이 맞았다. 결국 자백을 끌어내지 못한 검사는 피의자에게 불기소처분을 내렸다.

검사의 객관의무 :
검사에게 승패는 없다

검사는 피고인의 유죄를 입증해야 하고 피고인은 변호인과 함께 본인의 무죄를 입증해야 하는 것이 현행 형사 사법 절차의 구조다. 그런데 이 구조가 자칫 오해를 불러일으킬 수 있다. 재판이라는 싸움에서 유죄판결을 받으면 승리한 것이고 무죄를 선고받으면 지는 것이라고 생각되기 쉬운 탓이다. 그러다 보니 검사는 때로 이런 질문 앞에 설 수 있다.

법정 드라마 혹은 영화에서 검사, 변호인이 증거를 제출하거나 은폐하는 장면 한 번쯤은 다들 보셨죠? 공판정에서 피고인과 검사는 재판의 당사자로서 서로 공격과 방어를 통해 재판을 이끌어갑니다.
즉, 검사는 피고인의 유죄를 입증해야 하고 피고인과 변호인은 본인의 무죄를 입증해야 하죠.
그렇다면 검사가 피고인에게 유리한 증거를 발견한 경우 어떻게 해야 할까요? 검사는 발견한 증거를 제출해야 할까요?
질문에 대한 답을 먼저 말씀드리자면 "제출해야 한다"입니다.

"피고인에게 유리한 증거를 발견한 경우 어떻게 해야 할까? 검사는 발견한 증거를 법원에 제출해야 할까? 아니면 숨겨야 할까?"
서울남부지방검찰청 공식블로그에 게시되었던 '검사의 객관의

무 : 검사는 피고인에게 유리한 증거를 제출해야 할까'라는 제목의 글 중 일부다. (오마이뉴스, 〈풍등 화재 사건 이주 노동자는 공정한 재판을 받고 있나?〉, 2020년 9월 20일에서 재인용)

검사는 형사소송에서 피고인의 상대편에 선 당사자인 동시에 공익의 대표자로서 실체적 진실을 가려야 할 의무가 있기 때문에 객관적인 제3자의 입장에서 직무를 수행해야 한다. 그 원칙을 객관의무라고 부른다. 객관의무의 관점에서 검사는 피고인에게 유리한 증거 또한 법원에 제출해야 한다. 그런데 그 의무를 망각한 검사들은 여전히 존재한다.[5]

대한변호사협회가 2022년 1월 공개한 '2021년 검사평가 하위검사'로 선정된 사례에는 이런 검사가 등장한다.

① 법정에서 증인신문을 하던 중 증인의 답변이 마음에 들지 않자 수차례 같은 질문을 한 후 "제대로 말하지 않으면 위증죄로 처벌받는다"고 언급해 위압적 분위기를 조성했다.
② 수사 시 피의자에 대한 형사처벌을 시키려는 욕심으로 참고인들을 설득해 피해자의 처벌 불원 의사를 철회하게 만들었다.
③ 의사의 의료 감정 의견이 피의자에게 유리하자 다른 의사를 통해 피의자에게 불리한 감정 의견을 수집했다.

피의자에게 자백을 받아내기 위해 물고문까지 감행했던 '서울지검 고문치사 사건', 조작된 증거를 공판검사가 유죄의 증거로 제출했다가 그 사실이 들통나 자존심을 구긴 '서울시 공무원 간첩 사건'(4장에서 자세하게 다룰 예정) 등 검사가 객관의무를 지키지 않은 사건은 차고도 넘친다. 나도 형사변론을 하며 검사가 객관의무를 지키지 않을 때를 종종 만났는데 그중 기억에 남는 사건은 고양 저유소 풍등 화재 사건에서 이주 노동자를 변론할 때였다.

우연히 공사 현장에 떨어진 풍등을 주워 다시 불을 붙여 날렸다가 풍등에 남은 불씨가 지하 저유소에 옮겨붙어 폭발이 일어난 사고가 있었다. 풍등을 날린 이주 노동자 디무두 씨는 '실화죄(失火罪)'로 공소 제기되어 재판을 받았는데, 그의 변론 과정에서 검사가 객관의무를 저버리는 모습을 확인하고 재판부에 강력하게 이의를 제기한 적이 있다.[6]

2018년 10월 7일 오전 11시 경기도 고양시 덕양구 화전동 대한송유관공사 경인지사 고양 저유소에 있는 휘발유 탱크 1기의 폭발과 함께 화재가 발생했다. 인근 터널 공사 현장에서 일했던 이주 노동자 디무두(이하 '디무두' 생략)가 날린 풍등의 불씨가 발화 원인으로 지목되었으며, 전쟁이 나도 폭발하지 않도록 안전하게 관리되어야 할 지하 복토형 저유소가 풍등 불씨로 인해 폭발했다는 사실이 논란이 되었다.

검찰은 2018년 10월 7일 발생한 고양 저유소 화재 사건에 대해 2019년 6월 28일 공소 제기하면서, 풍등을 날린 이주 노동자와 저유소 관리 책임자들을 분리하여 기소했다. 실화죄로 기소된 이주 노동자는 재판에서 무죄를 주장했다. 자신이 날린 풍등 불씨로 저유소 지상에 있던 잔디를 태운 건 맞지만, 복토형 지하 저유소의 폭발은 저유소 관리 부실로 인한 것이지 자신이 책임질 수 있는 문제가 아니라는 것이다.

이주 노동자는 일반 건조물인 저유소에 실수로 불을 낸 이유로 재판을 받고 있었다. 그의 주장처럼 저유소가 아닌 일반물건(잔디)에 실수로 불을 낸 것만 책임지게 된다면, 타인 소유 일반물건 실화는 처벌하는 조항이 없어 무죄를 선고받을 수 있었다. 이주 노동자의 무죄 입증을 위해서는 저유소 관리 부실 및 폭발 원인 관련 보고서 등 관련된 자료들이 필요하다. 그런데 그 자료는 저유소 관리 책임자들의 재판에만 검사가 증거로 제출하였고, 이주 노동자의 재판에는 검사가 제출하지 않았다. 이에 변호인은 법원을 통해 검찰에 그 제출을 요청한 것이다. 그러나 검찰은 요청을 받아들이지 않았다.

2020년 9월 18일 금요일 오후 2시 고양지원 402호 법정에서 형사5단독 손호영 판사는 변호인이 2020년 9월 5일 제출한 문서 제출 명령 신청을 받아들였고, 저유소 관리 책임자들의 재판에 증거로 제출된 자료를 검찰이 이 사건에서도 제출할 것을 다시 한번 공판검사에게 요청했다.

손호영 판사 : 자료 제출에 큰 무리가 없다면 제출해주세요.
정윤경 공판검사 : 내부적으로 논의해보겠습니다.

변호인의 요청에 담당 판사까지 제출을 촉구하자 검찰은 뒤늦게나마 마지못해 관련 자료 중 일부를 법원에 제출했고, 우리는 제출된 자료를 가지고 변론을 이어나갈 수 있었다. 아쉽게도 무죄를 받지는 못했지만 검사의 객관의무에 대해 고민할 수 있었던 사건이었다.

검사가 객관의무를 위반해 국가배상을 진 사례도 있다.[7] 검찰은 2014년 전화대출 사기 혐의로 피의자를 구속 기소하면서 범행 일시와 피해자, 편취금액 등이 기재된 수첩 사본을 증거로 제시했다. 피고인은 수첩을 작성하지 않았다고 부인해 감정을 통해 수첩의 필적을 확인할 필요가 있었지만, 검사는 필적 감정을 위해 반드시 필요한 수첩 원본을 제출하지 않았다. 1심 무죄판결 이후 뒤늦게 검찰은 수첩 원본을 제시했고 수첩에 대한 필적 감정 결과 피고인의 필적과 상이하다는 결과가 나와 무죄판결은 계속 유지되었다.

무죄 확정판결을 받은 이후 피고인은 국가를 상대로 국가배상 소송을 제기했다. 법원은 "검사의 증거제출 거부행위로 A씨가 무죄

판결을 선고받기까지 약 7개월의 기간이 소요됐고, 그중 170여 일은 구속돼 상당한 정신적 고통을 받았다"며 "검사가 A씨의 무죄를 입증할 핵심적이고 유일한 증거인 수첩 원본을 소지하고 있었음에도 정당한 사유 없이 1심 법원에 제출하지 않았다는 점에서 위법의 정도가 결코 적다고 볼 수 없고, 국가배상법 제2조에서 규정하는 과실도 인정돼 국가는 A씨가 입은 손해를 배상할 책임이 있다"고 판시했다.

또 이런 어처구니없는 사건도 있었다. 2015년 술에 만취한 피고인은 아는 사이인 여성의 집에서 잠들었다 성폭행 혐의를 받고 기소됐다. 그런데 검사가 피해 여성에게서 피고인의 유전자가 발견되지 않았다는 국립과학수사연구원의 유전자 감정서를 누락한 채 기소한 사실이 드러났다. 이후 무죄를 선고받은 B씨는 국가를 상대로 손해배상 청구소송(사건번호 : 청주지방법원 충주지원 2019가단23407)을 제기했고 법원은 "검사가 피고인의 방어권 행사에 결정적 영향을 미치는 자료인 유전자 감정서를 제출할 의무를 위반했다"며 국가배상 책임을 인정했다.

검사의 객관의무는 지키면 좋고, 안 지키면 그만인 것이 아니라 공익의 대표자로서 반드시 지켜야 할 중요한 의무다. 수단, 방법 가리지 않고 무조건 이기는 검사가 유능한 검사라는 생각은 착각일 뿐이다. 그런 검사는 공익의 대표자인 진짜 검사가 아니다.

2장

힘없는 자는 넘을 수 없다 :
최고 수사기관 검찰의 문턱

검찰 개혁의 시작은
검찰청 민원실부터

햇볕이 들지 않는 지하에?
서울중앙지방검찰청 민원실

단일 검찰청 단위로는 가장 많은 검사들이 근무하고 검사라면 한 번쯤은 꼭 근무하고 싶어 하는 1순위는 서울중앙지방검찰청(서울중앙지검)일 것이다. 서울중앙지검의 수장인 서울중앙지검장은 검찰총장 1순위로 손꼽힌다. 검찰총장 출신 윤석열 대통령도 검찰총장 임명 직전인 2017년 5월 22일부터 2019년 7월 24일까지 서울중앙지검장으로 근무한 바 있다. 검사는 아니었지만 나도 서울중앙지검에서 2004년 4월부터 1년 동안 근무한 적이 있다.

나는 사법연수원을 수료한 후 3년간 법무부 소속 공무원으로 대체복무를 했다. 전주지방검찰청에서 국가송무 담당 1년을 마친 후 2년 차에 서울중앙지방검찰청 민원 전담관실에서 공익 법무관으로 근무하게 되었다. 당시 서울중앙지방검찰청은 각 부서의 과장(검찰

수사관)들이 3개월에 한 번씩 순환 보직으로 민원 전담관을 겸직으로 맡았다. 상주하는 '민원 전담관'이 없는 민원 전담관실을 지킨 건 검찰공무원 3명과 법무부 소속 공익 법무관인 나까지 총 4명이었다.

나는 민원 전담관실에서 고소장 접수를 받고, 민사소송으로 해결해야 하는 문제를 가지고 형사고소장을 써오는 분들을 바로 옆에 위치한 대한법률구조공단 서울중앙지부 출장소에 연계하는 일을 했다. 얼핏 보면 할 일이 그리 많지 않아 보이지만, 실제로는 점심시간을 제외하고는 눈코 뜰 새 없이 바쁘게 지내야 했다. '억울하면 일단 서울로 가자, 가장 유능한 검사들이 근무한다는 서울중앙지방검찰청으로 가자'는 구호라도 있는 것처럼 전국 각지에서 억울하다고 하는 사람들이 모여 문전성시를 이룰 때가 너무 많았다.

세상에서 내가 가장 억울하다고 외치는 사람들과 하루 종일 마주 앉아 이야기를 듣는 일은 생각보다 쉽지 않았다. 더욱이 햇볕이 들지 않는 어두컴컴한 지하 단칸방 같은 민원 전담관실 분위기는 민원인들의 마음을 반영이나 한 듯 우울한 기운이 가득했다. 나는 절로 이런 생각을 하게 되었다.

'민원 전담관실이 햇볕도 잘 들고 경치도 좋은 곳에 위치해 있으면 이분들의 마음이 조금은 풀어지지 않을까? 햇볕이 가장 잘

들고 경치가 제일 좋은 방이 검찰청 민원실이 되어 가뜩이나 억울해서 찾아온 시민들이 따뜻하고 경치 좋은 곳에서 잠시 쉼을 누리고 가시면 좋으련만….'

11월 24일은 '국민 한 분 한 분을 24시간 섬긴다'는 의미로 정한 민원 공무원의 날이다. 2010년부터 매년 이날이 되면 최일선 현장에서 근무하는 민원 업무 담당 공무원을 격려하는 행사가 개최된다. 특별히 수요자 중심의 민원 서비스 제공을 위해 민원실 내·외부 환경과 민원 서비스를 크게 개선한 기관을 '국민행복민원실 인증기관'으로 선정한다. 2021년 12번째로 맞는 민원 공무원의 날에는 서울특별시 강남구, 부산광역시교육청 등 18개 기관이 '국민행복민원실 인증기관'으로 선정되었다.

선정된 민원실을 직접 방문해본 적은 없지만, 언론 기사를 통해 최우수 기관으로 뽑힌 민원실 전경을 보면 나를 환대하는 따뜻함이 느껴진다. 그냥 그 공간에 있는 것만으로도 힐링이 될 것만 같다. 또한 2022년 4월부터 서울특별시교육청은 다문화가정 및 외국인에게 언어장벽 없는 민원행정 서비스를 제공하기 위해 민원실에 인공지능 통번역기를 비치하여 운영한다는 소식도 들린다.[8]

여러 관공서가 경쟁하듯 시민들을 위한 민원실 공간을 가장 안락한 공간으로 꾸미기 위해 애를 쓰고 있다. 이런 소식들을 접할 때

면 서울중앙지검 민원실이 불쑥 떠오른다. 15년이 지난 현재 서울
중앙지방검찰청 민원실은 어떤 모습일까?

지금도 서울중앙지방검찰청 민원실은 지하 1층 그 자리로 단칸
방 신세를 벗어나지 못했다. 위치만이 아니라 조명의 밝기부터 어
둡고 침침하여 우중충한 분위기를 한결같이 유지하고 있다. 서울고
등검찰청이 서울중앙지방검찰청과 한 건물을 사용하여 서울고지검
이라고 불렸던 때와 달리 지금은 별도의 서울고등검찰청 건물이 아
주 멋진 위용을 자랑하며 세워져 있다. 하지만 서울고등검찰청 민
원실은 계속 서울중앙지방검찰청 지하 1층에 자리 잡고 있다.[9] 시
민들에게는 신 청사의 넓은 공간 중 단 한 뼘의 공간도 허용해줄 수
없다는 듯 말이다.

B1F	• 서울고검·중앙지검 종합민원실	• 벌과금 민원실	• 집행제2과	• 공판과(열람등사실II)
	• 피해자 지원실	• 인권 상담실	• 국민소통 옴부즈만실	• 주차장

서울중앙지방검찰청 층별 안내도 B1층

검찰청 홈페이지 메인 화면에는 "국민중심 검찰, 신뢰받는 검
찰, 공정한 검찰"이라는 말이 새겨져 있다. '국민중심 검찰'이라는
문구를 보며 나는 이런 질문을 던져본다.

검찰청 홈페이지 메인 화면

"시민들이 가장 많이 드나드는 민원실을 햇볕도 들지 않는 지하실에 처박아 두었으면서 무슨 국민중심 검찰인가? 국민중심 검찰이라면 검사장실과 차장검사실이 위치한, 이른바 로열층인 13층을 시민들에게 내어줄 수는 없단 말인가?"

13F	• 검사장실	• 제1·2·3·4차장검사실	• 사무국장실	• 공보담당관실
	• 기획담당관실	• 기획검사실	• 총무과(총무 1·2계, 재무계)	• 소회의실
	• 브리핑실			

서울중앙지방검찰청 층별 안내도 13층

시민들을 깍듯이 섬기는 검찰의 모습이 잘 상상이 안 되겠지만, 사실 2004년 검찰 내에서 이런 움직임이 있었다. 권위주의를 벗어던지고 친절과 봉사를 다짐하는 캠페인이 각 검찰청마다 경쟁하듯 봇물을 이루었다. 전 직원이 하루 민원실 순환 근무를 하는 '민원현장 체험제도'가 도입되고 '조사를 받고 나가는 피의자에게는 사탕을 선물한다'는 구체적 활동 지침을 정하기도 했을 정도다. 검찰이 시민들을 섬기는 건 '도저히 할 수 없는 일'이 아니라 '할 수 있지만 안 하고 있는 일'이다.[10]

서울중앙지방검찰청은 2021년 11월 24일 민원 공무원의 날에 민원제도 우수기관으로 최고상인 대통령상(금상)을 받았다. 수사기관을 사칭하는 지능적인 보이스피싱 피해를 줄이기 위한 멋진 민원 서비스 덕분이다. 이제는 서울중앙지방검찰청 민원실부터 시작해서 전국 모든 검찰청 민원실 모두 '국민행복민원실'로 인증받을 수 있었으면 좋겠다.

대통령상 (금상)	서울중앙지방검찰청	보이스피싱 서류, "진짜인지 알려줘" 콜센터(찐센터) 개설
		수사기관을 사칭하는 지능적인 보이스피싱 수법에 대해 피해를 방지하기 위해 수사기관 사칭 여부 등 신속히 상담할 수 있는 「보이스피싱 서류, "진짜인지 알려줘" 콜센터(찐센터)」 개설, 전담 수사관 배치하여 검찰 위조서류 확인 등 적극 대응

시민들을 위한 검찰 개혁은 거창한 제도 변화가 아니라 소소하게 보일지라도 시민들이 직접 느낄 수 있는 변화, 내가 손님이 아니라 주인이라고 느낄 수 있는 작은 변화가 아닐까? 그래서 나는 이런 구호를 내민다.

"검찰 개혁은 **민원실**에서부터 시작해야 한다!"

우리는 '말'로 고소할 수 있다 : 형사소송법상 구술고소

현실에서는
서면고소장도 반려당한다

민원 담당 공익 법무관으로 서울중앙지검 민원실을 지키는 동안, 가까운 검찰청 민원실에서는 고소장을 접수해주지 않는다며 서울중앙지방검찰청과 대검찰청을 오가며 헤매는 분들(서문에서 언급한 할머니와 같은 사례)을 숱하게 만났다. 그런데 지금도 크게 달라진 것 같지 않다.

나는 2012년부터 블로그를 운영하며 여러 글을 올리고 있다. 2,000개가 넘는 게시물 중 가장 많은 댓글이 달린 글은 '고소장 접수 반려 시 대처 방법'이라는 제목의 글인데 민원 담당 공익 법무관의 경험을 바탕으로 제시한 고소장 접수 '꿀 팁'을 다음과 같이 담았다.

전 서울중앙지방검찰청 민원 담당 법무관으로 고소장 '접수'의 산을 넘는 방법 두 가지를 알려드린다.

첫째, 고소장 접수를 반려하고 거부당한다면 그 공무원에게 물어봐라. "당신 이름은 무엇입니까? 내 고소장을 접수해주지 않는 법적 근거가 형사소송법 몇 조에 있나요?"
둘째, 맞닥뜨려 이야기하기 싫다면 등기우편으로 고소장을 접수하고, 다음 날부터 하루에 한 번씩 전화해서 물어봐라. "제가 우편으로 접수한 고소 사건, 사건번호가 몇 번이지요?"

위 두 가지 방법으로도 접수가 안 되었다면 연락 주시길. 반드시 해결해드리리라.

아직까지 이 글에 담긴 해법으로도 접수가 안 되었다며 연락 오신 분이 없는 것을 보면 현실에서 작동되는 나름 쓸모 있는 정보였나 보다. "고소장 내용이 형사사건이 아니라 민사상 해결해야 할 사안이라고 보인다"며 고소장 접수를 반려한 경찰 고소장 접수 담당자와 국가가 함께 민원인에게 위자료를 배상해야 한다는 판결이 선고되기도 했다. 법원은 이 사건에서 '공무원의 성실의무, 친절·공정의무는 단순한 도덕상의 의무가 아닌 법적 의무'라는 것을 명백히 했다.[11]

몇 년 전 한 운동선수가 감독과 선수들의 상습적인 폭언과 폭행에 고통을 받다가 극단적인 선택을 해 우리의 마음을 아프게 했다. 그런데 이 피해 선수가 이미 1년 전 한 포털사이트에 폭행 고소를 문의하는 글을 게재했다는 내용이 보도되었다. 피해자가 수사기관이 아닌 포털사이트에 폭행 고소를 문의해야 할 만큼 수사기관의 문턱은 여전히 시민들에게 높아도 너무 높다.

검찰청 민원실에 찾아갔을 때 공익의 대표자인 검사가 우리의 억울한 사연들을 직접 경청하기 위해 우릴 기다리고 있고, 두서없이 한 이야기들을 잘 정리한 뒤 본격적인 수사에 착수해준다면 얼마나 좋을까? 그 정도 되어야 검찰 권력이 정말 시민의 품으로 돌아오는 '진짜 개혁'이라고 부를 수 있지 않을까?

이런 민원실의 모습이 우리의 환상 속에서만 존재할 이유는 전혀 없다. 왜냐하면 바로 형사소송법이 그와 같은 모습으로 민원실이 작동하도록 이미 규정하고 있기 때문이다. 형사소송법에는 고소, 고발의 방식에 대해 아래와 같은 규정을 두고 있다.

형사소송법 제237조(고소 · 고발의 방식)

① 고소 또는 고발은 서면 또는 구술로 검사 또는 사법경찰관에게 하여야 한다.

② 검사 또는 사법경찰관이 구술에 의한 고소 또는 고발을 받은 때에는 조서를 작성하여야 한다.

형사소송법에 따르면 우리는 억울함을 안겨준 사람을 처벌해달라는 요청을 할 때 고소장을 쓰는 수고로움을 들일 필요조차 없다. 그냥 가서 말로 하면 된다. 그러면 검사는 우리의 말을 경청하고 그 내용을 조서로 정리해주어야 한다. 그건 검사가 해도 그만, 안 해도 그만인 '선택 사항'이 아니라 반드시 해야 할 '의무 사항'이다.

억울한 사연을 빼곡히 적어 가져갔지만 민원실에서 박대당하고 검사는 코빼기도 내밀지 않는 지금 검찰청 민원실은 형사소송법 규정에 의거할 때 정상이 아니다. 그러나 검찰청 민원실 어디에도 형사소송법 제237조는 적혀 있지 않으며 검찰 역시 우리가 민원실 문턱을 손쉽게 넘을 수 있는 방법을 알려주지 않는다. 판사의 막말에 대처할 수 있는 녹음·속기 신청 제도를 법원이 우리에게 알려주지 않는 것처럼 말이다.

구술고소 제도에 대한 검찰의 소극적 태도

이 부분을 명확하게 확인하기 위해 국민권익위원회가 운영하는 '국민신문고'를 통해 대검찰청에 구술로써 고소 또는 고발을 진행하는 방법을 문의했다. 내가 블로그에 구술고소 제도에 대해서도 써놓았는데, 이걸 보고 구술고소를 직접 해보신 분이 "그런 제도는 없다, 무조건 서면으로 써서 제출해야 한다"며 문전 박대를 당하셨다는 게 아닌가? 나는 이러한 시민들의 하소연도 담아 민원사항을 구구절절하게 적었다.

제목 : 검찰청에서 구술로써 고소 또는 고발을 진행하는 방법을 문의합니다.

형사소송법상 고소, 고발의 방식에 대해서는 형사소송법 제237조에 아래와 같은 규정이 있습니다.

형사소송법 제237조(고소 · 고발의 방식)

① 고소 또는 고발은 서면 또는 구술로써 검사 또는 사법경찰관에게 하여야 한다.

② 검사 또는 사법경찰관이 구술에 의한 고소 또는 고발을 받은 때에는 조서를 작성하여야 한다.

구술로써 검사에게 고소 또는 고발을 하고 싶습니다. 구체적인 방법과 처리 절차 등에 대해 알려주시기 바랍니다. 지역 검찰청에 가서 문의하니 구술로 고소 또는 고발을 할 수는 없고 서면으로 작성해 오라고 하는데, 지역 검찰청의 답변이 형사소송법상 옳은 것인지에 대해서도 알려주시기 바랍니다. 감사합니다.

이 질문이 곤혹스러웠는지 대검찰청은 답변 기한을 1회 연장하면서 뒤늦게 다음과 같이 답을 내놓았다. 대검찰청의 답변을 보면 구술고소 제도에 대한 검찰의 태도를 엿볼 수 있다.

답변일   2020-07-28 16:16:07
처리 결과   (답변 내용)

안녕하십니까!
대검 형사1과 국민신문고 담당자입니다.

귀하께서 제출하신 민원(민원 번호 : 1AA-2007-0114482)에 대해 다음
과 같이 답변 드립니다.
형사소송법 제237조는 '고소 또는 고발은 서면 또는 구술로써 검사
또는 사법경찰관에게 하여야 한다'고 규정하고 있습니다.
피해자 보호, 고소장 작성의 어려움 등이 있는 경우 관할 검찰청 또
는 경찰서 등 사법기관의 고소 또는 고발 접수 담당자에게 상의하여
안내를 받으시기 바랍니다.
또한, 대검찰청 홈페이지에 고소장 표준양식 등이 업로드되어 있으
니 참고하여 주시기 바랍니다. (참여민원 > 민원서식 내려받기)
귀하의 고충 민원이 원만하게 잘 해결되기를 기원드리며, 앞으로도
검찰청이나 국민신문고에 많은 관심을 가져주시길 바랍니다. 감사
합니다.

형사소송법에 서면고소 제도와 함께 구술고소 제도도 규정되어
있지만 검찰은 서면고소가 원칙이고 구술고소는 아주 예외적으로

만 적용시키겠다는 취지로 읽힌다. 그러나 법에는 그렇게 규정하고 있지 않고 서면, 구술 모두 가능하다고 명확하게 규정하고 있다.

이에 대해 몇 가지 반론이 예상된다. 우수한 재능을 가진 검사가 거대 악을 척결하는 수사에 투입되어야지 억울한 사연을 경청하고 정리하는 데 투입되는 건 비효율적이라는 것이다. 그러나 나는 그 효율성이라는 관점에 절대 동의하지 않는다. 거대 악을 척결하는 것이 중요한 만큼 시민들의 억울한 사연을 경청하고 정리해주는 일도 중요하기 때문이다.

검찰청법 개정으로 검찰의 직접 수사권이 축소된 마당에 고소는 검찰청이 아니라 직접 수사하는 경찰서에 가서 해야 된다고 주장하는 이들이 있다. 실제 시민들이 고소장을 검찰청에 접수하러 가면 검찰청은 신속한 수사를 위해서는 경찰서로 직접 가서 접수하라고 안내하고 있다. 그러나 나는 이런 안내는 시민들이 고소장을 접수하러 갈 수 있는 기관을 선택하는 권리를 제한하는 것이며, 따라서 바람직하지 않다고 본다. 경찰에서 부당하게 고소장을 반려당해 위자료를 배상받은 사례에서도, 민원인은 검찰에 고소장을 제출해 가해자를 처벌시킬 수 있었다. 괜히 법이 고소장 접수기관을 두 개로 정한 것이 아니다.

검찰이 직접 수사를 하지 않아도 고소장은 접수할 수 있고 특별히 구술로 고소를 할 경우 검사가 작성한 진술조서가 남겨질 수 있다. 검사가 시민들의 사연을 듣고 정리한 진술조서는 경찰이 본격적인 수사에 앞서 사실관계를 파악하는 데 있어 시민들이 작성한 고소장보다 더 도움이 될 수 있을 것이다.

고소장 작성을 위해 검찰청 앞 법무사를 찾아가는 경우가 많다. 법무사 보수표상 아주 간단한 고소장도 그 비용이 18만 원이다. 왜 우리는 세금을 내면서 고소장 작성에 18만 원씩이나 들여야 하나? 법무사 자격시험보다 더 어려운 변호사시험을 합격한 뒤 검찰청에 근무하는 검사에게 내 사연을 이야기하면 직접 정리해 '진술조서'를 만들어주도록 형사소송법이 정해두었는데 말이다.

슬기로운 '구술고소' 생활

경찰서나 검찰청 등 수사기관에 접수되는 고소장의 약 80%가 적게는 5만 원에서 많게는 20만 원까지 대행료를 주고 행정사, 법무사, 변호사에 의해 작성되고 있다. 그런데 형사소송법 제237조에 의하면 고소·고발은 서면 또는 구술로 검사 또는 사법경찰관에게 하여야 하고 구술에 의할 경우 검사 또는 사법경찰관은 조서를 작성하여야 된다고 나와 있다. 이렇듯 고소·고발은 일정한 양식이 필요하지 않다.

그러므로 고소장 작성 시 고소인은 피고소인의 인적사항을 특정하고 피해를 본 상황과 내역에 대해 사실대로 기입해 제출하면 수사기관에서는 고소인을 상대로 고소보충조서를 작성하기 때문에 비싼 대행료를 들여 고소장을 작성할 필요는 없다. 고소장은 관할을 불문하고 제출할 수 있으며 우편으로도 가능하다.

_전재근(경기지방경찰청 파주경찰서)

이런 상황이 안타까워서인지 현직 경찰관이 20년 전 신문 독자 투고란을 통해 고소장 작성에 비싼 대행료를 낭비할 필요가 없다고 역설하기도 했지만,[12] 아직 경찰도 검찰도 시민들에게 구술고소 제도에 대한 친절한 안내를 해주지 않고 있다.

친절하게 안내를 해주든 안 해주든 우리는 '형사소송법 제237조(고소·고발의 방식)'를 반드시 기억하자. 우리는 고소나 고발을 서면 또는 구술로 검사 또는 사법경찰관에게 할 수 있고, 이러한 방식으로 고소 또는 고발을 받은 검사나 사법경찰관은 조서를 작성해야 한다는 것을 말이다. 이제 검찰청 민원실에서 기죽지 말고 당당히 외치자.

"내 억울한 사연 받아 적을 검사님 빨리 나오세요!"

재벌과 힘 있는 자들의 전유물, 검찰수사심의위원회

예능 프로그램을 보다 보면 출연자들이 위험한 행동을 할 때 다음과 같은 문구가 나오는 걸 종종 볼 수 있다. '함부로 따라 해서는 안 됩니다.'

출연자들에게는 위험을 방지할 여러 안전장치가 제공되지만 시청자들의 경우 그런 예방책이 없기 때문에 함부로 따라 하다 보면 큰 사고로 이어질 수 있어서다. 2020년부터 시민들과 함께 검찰에서 운영하는 '검찰수사심의위원회'를 소집해달라는 신청서를 제출할 때마다 불현듯 이 말이 떠오르며 스스로에게 질문을 하게 되었다.

'함부로 따라 해서는 안 되었던 것일까?'

검찰수사심의위원회 소집 요청 1 :
사찰 노예 사건(2020.7.2.)

2019년 6월 삼성전자 이재용 부회장에 대한 수사로 세상에 알려진 '검찰수사심의위원회'는 2018년 1월 2일 수사의 절차 및 결과에 대한 국민의 신뢰를 재고하기 위해 검찰 스스로 도입하여 실시하고 있는 제도이다. 검찰 수사와 공소 제기 여부를 검찰에만 맡겨두는 것이 아니라 학식과 지혜를 겸비한 시민들이 개입하여 내리는 검찰수사심의위원회의 결정은, 표면적으론 '권고 효력'만 있으나 검찰이 대부분 권고안을 받아들일 만큼 실효성 있는 제도로 작동하고 있다.

내가 첫 번째로 검찰수사심의위원회 소집을 요청한 사건은 2019년 7월 '사찰 노예 사건'으로 세상에 알려진 지적장애인 노동력 착취 사건이다(3장 두 번째 글에서 구체적으로 다룰 예정). 피해 장애인은 서울 노원구에 위치한 사찰에서 32년 동안 폭행, 노동력 착취, 명의 도용을 당했다. 경찰, 노동청, 검찰에서 수사가 진행되었지만 단지 12건의 폭행만 약식기소되어 벌금 500만 원 처벌로 덮어진 사실을 뒤늦게 확인한 시민단체는 가해자인 주지스님을 다시 수사해 처벌해달라는 고발장을 제출했다.

그러나 다시 진행된 경찰 수사 결과는 실망스러웠다. 피해자는 승적도 없이 절에서 32년 동안 폭행과 폭언을 당하며 하루 13시간 노동력을 착취당했는데, 이것이 절에서 이루어지는 협동 관행인

69

'울력'이라 처벌할 수 없다는 것이다. 2020년 1월 29일, 경찰은 일부 명의 도용한 사실만 추가로 처벌할 수 있다는 의견으로 가해자인 주지스님을 검찰에 송치했다.

검찰에서라도 철저히 수사해줄 것을 기대했지만 담당 검사는 이 사건을 고발한 시민단체 및 피해자에게 단 한 차례의 연락도 하지 않았다. 결국 5개월의 기다림에 지친 시민단체와 피해자는 절박한 심정으로 2020년 7월 1일 이 사건에 대해 검찰 수사와 기소 과정에 시민들의 개입을 요청하는 '검찰수사심의위원회 소집 신청서'를 제출한 것이다.

신청서를 제출하고 나면 관련 절차가 신속하게 진행될 것이라 기대했지만 현실은 그렇지 않았다. '삼성 경영권 승계 의혹' 사건은 9일 만에, '검언유착 사건'에서는 5일 만에, '정의기억연대 회계부정 사건'의 경우 단 2일 만에 관련 절차가 진행된 것과 달리 이 사건의 검찰수사심의위원회 절차는 빠르기는커녕 제대로 진행조차 되지 않았다.

검찰수사심의위원회 소집 절차가 지연되고 있는 문제에 대한 보도가 나오고 나서야 검찰은 부랴부랴 피해자들을 다시 불러 피해 사실을 청취하는 등 수사를 서둘렀다. 하지만 부의 심의위원회조차 열리지 않은 채 한 달이 흘렀다(검찰수사심의위원회 운영 지침대로라면 위원회에 안건을 상정하기 위해서 '부의 심의위원회'의 심의를 거치도록 되어 있다).[13] 2020년 8월 중순에서야 이런 종이 한 장이 검찰청 봉투 안에 담겨 사무실로 날아왔다.

서울북부지방검찰청으로부터 받은 공문서. 보낸 사람 이름은 없이 '형사5부장'이라고만 써 있다

이름도 적혀 있지 않고 직인도 찍혀 있지 않고, 듣도 보도 못한 '형사5부장'이 보낸 공문서 같지도 않은 문서 한 장. 나는 헛헛한 마음을 달래기 위해 블로그에 아래와 같이 공개편지를 적었다. 아직 답장은 받지 못했다.[14]

형사5부장님께

2020년 8월 13일, 사찰 노예 사건 검찰수사심의회 소집 결과 통지서가 드디어 도착하였습니다. 어제 '기록편철'이라는 기괴한 처분이 도착해 마음이 싱숭생숭했는데, 이 통지서를 받으니 마음이 좀 차분해지는 것 같습니다. 2020년 7월 1일 소집을 신청한 검찰수사심의위원회 신청 결과를 43일 만에 이렇게 전달해주신 형사5부장님께 감사드립니다.

저희 신청인에게 수사심의회 소집 결과를 통보하기 전인 8월 10일, 보도자료를 통해 사찰 노예 사건은 삼성 불법 승계 사건, 검언유착 사건과 달리 '사회적 이목이 집중된 사건'이 아니라고 발표해주셔서 감사합니다. 이로 인해 세상 사람들이 잘 알지 못했던 '사찰 노예 사건'이 '사회적 이목이 집중된 사건'으로 승격되는 놀라운 경험을 하고 있습니다.

저희는 사회적 이목이 집중된 사건으로 승격된 이 사건 관련하여 조만간 수사 과정이 적절하였는지를 점검해달라는 취지의 검찰수사심의위원회(수사점검위원회) 소집을 요청할 계획입니다. 이 사건이 최초 단순 폭행으로만 약식기소되고, 명백한 명의 도용 사실을 각하 처리

한 부분, 노동력 착취는 인정하되 강제 근로는 아니라며 장애인복지법 위반을 불기소한 부분 등에 대해 수사가 적정하였는지를 검토해 달라고 요청할 것입니다.

아울러 현재 (사)장애우권익문제연구소, 한겨레21, 신안군 염전 노예 사건 국가배상 소송 대리인단이 함께 진행하고 있는 발달장애인 노동력 착취 사건에 대한 부실수사 사례 수집 및 분석 프로젝트(일명 : 울력과 품앗이) 결과 보고서를 마무리하여 이번 기회에 발달장애인에 대한 노동력 착취 사건에 대한 수사지침 등을 만들어주실 것을 대검찰청에 건의할 계획입니다.

아무쪼록 바쁘실 텐데 '사회적 이목이 집중되지 않은 사건'에 이렇게 많은 신경을 기울여주셔서 감사드립니다. 끝.

검찰수사심의위원회 소집 요청 2 :
이주 노동자 임금 체불 사건(2020.7.29.)

두 번째로 소집을 요청한 사건은 이주 노동자의 임금 체불 사건이었다. 이주 노동자가 체불임금액으로 신고하는 금액만 한 해에 1,500억 원을 넘기고 있고, 특히 약 2만 명에 달하는 농어업 종사 이주 노동자는 하루에 10시간 넘게 일해도 8시간에 해당하는 임금만 지급받는 등 임금 체불은 매우 심각하다. 임금을 단지 늦게 주는 '체불' 수준이 아니라 아예 하루에 2~3시간씩의 임금을 빼앗는 '날강도' 짓이 버젓이 벌어지고 있는 것이다. 이주 노동자들은 사업장을 마음대로 옮길 수도 없는 형편이다 보니, 일한 시간만큼의 임금을 다 받지 못하면서도 울며 겨자 먹기로 그 사업장에서 근무를 이어나간다. 결국 퇴직한 후에야 제대로 지급받지 못한 임금을 계산해서 고용노동부에 진정을 제기하게 된다.

농어촌의 경우, 출퇴근을 기록할 기계적 장치가 없어 노동자가 하루의 노동시간을 달력이나 수첩에 적어놓는다. 그런데 근로감독관은 노동자가 수첩이나 달력에 적은 근로시간을 '어떻게 믿느냐'고 반문한다. 하나라도 오류가 있으면 그냥 전체 기록을 부정한다. 그런데 사업주는 근로감독관의 출퇴근시간 기록 자료 요청에 "아무 자료가 없다"며 씩 웃는다. 현행법상 사업주는 이를 기록하고 보관할 의무가 없기 때문이다. 즉 아무 자료를 남기지 않는 것이 사업주에게는 더 유리하다.

이주 노동자에게 일은 일대로 시켜놓고 사업자는 하루에 2~3시간에 해당하는 그들의 노동 대가를 날강도처럼 빼앗아갔다. 그런데도 이주 노동자와 사업자 간의 싸움은 늘 아무 자료를 남기지 않는 사업주의 승리로 끝났다. 나는 이 지긋지긋한 수사 관행을 그냥 넘길 수 없었다. 그래서 2020년 7월 임금 체불 사건을 수사하고 있는 의정부지방검찰청에 피해 이주 노동자를 대리하여 검찰수사심의위원회 소집을 요청했다(3장 두 번째 글 참고).

이 두 번째 소집을 준비하며 첫 번째 소집 신청에 대한 답을 기다렸던 2020년 7월의 어느 날, 오마이뉴스 법조팀 조혜지 기자가 인터뷰를 요청해왔고, 나는 기꺼이 응했다. 인터뷰 내용을 통해 당시의 내가 얼마나 답답해했는지를 알 수 있다.[15]

기자 : 수사심의위 운영 지침은 '국민의 알 권리, 인권보호 필요성, 사안의 중대성'을 고려해 심의하도록 돼 있다. 해당 사건이 이 조건에 부합한다고 보나.

필자 : 부의 심의위가 '다룰 만한 게 아니다'라고 한다면 존중해야겠지. 그런데 그런 답도 받지 못했다. (발달장애인 노동력 착취 사건인) 신안군 염전 노예 사건은 국가배상 책임까지 인정됐다. 그러나 이 (사찰 노예) 사건은 한 번도 제대로 수사하지 않았다. 또 명의 도용과 관련해 (피해자 측이) 죄명을 잘못 썼다는 이유로 제대로 수사하지 않고 각하 의견으로 송치했다. 검찰도 그때 그냥 도장을 찍었다. 결국 경찰이 (잘못을 인지하고) 다시 기소 의견으로 보냈고. 보도 당시엔 굉장히 관심을 모았던 사건이고, 인권침해 사건이다. 이재용 사건이나 검언유착 사건에 비해 상대적으로 '관심 없다'고 하면 할 말은 없지만, (소집) 논의 자체가 안 되고 있으니 답답할 뿐이다.

기자 : 최근 이재용 사건이나 검언유착 의혹 사건에 대한 수사심의위가 소집돼 각각 결론을 받았다. 이들 진행 과정을 보면 어떤 생각이 들었나.

필자 : 정의기억연대 회계부정 의혹 사건은 2일 만에 부의 심의위가 열렸다. (우리가) 7월 1일에 소집을 요청했으니 거의 한 달이 지났는데, 부의 심의위가 언제 열리는지 통보도 받지 못했다. 17일에는 대검에도 의견서를 냈다. 빨리 진행해달라고. 그런데 열흘 동안 아무 대답도 없다. 우리는 왜 구경만 하고 있어야 하나? 재벌 회장이나 현직 검사장도 검찰 수사 공정성을 의심한다. 사회적 약자들이 답답함을 호소할 땐? 검찰 개혁을 위해 만들었다는 제도인데, 특정 사람만 이용하는 걸 우린 구경만 해야 하는 현실에 화가 난다.

검찰수사심의위원회 소집 기준은 '사회적 이목이 집중'된 사건?

두 번째 소집 신청에 대한 결과 또한 첫 번째와 판박이였다. 의정부지방검찰청 6부장 명의의 종이 한 장에는 그저 '심의 대상에 포함되지 않아 종료한다'는 똑같은 내용만 담겨 있었다. 사찰 노예 사건 등 장애인 학대 사건 수사가 제대로 진행되는지를 점검해달라는 취지로 2020년 10월 11일 대검찰청에 제출한 검찰수사심의위원회 소집 요청, 유령 대리수술 피해자가 가해 의료진을 처벌해달라는 취지로 2021년 6월 1일 서울중앙검찰청에 제출한 검찰수사심의위원회 소집 요청도 똑같이 패싱(정치·외교 등의 관계에서 한쪽이 다른 한쪽을 무시 내지 홀대하는 것을 뜻함)당했다. 이렇게 네 번이나 소집 요청이 패싱당하고 나니 새롭게 요청하기가 솔직히 꺼려진다. (유일하게 검찰수사심의위원회를 소집시킨 건 고 김홍영 검사 사건이었다. 그 성공 스토리는 4장 세 번째 글에서 자세히 다루겠다.)

재벌, 검사 등 힘 있는 자가 소집을 요청했을 때는 아주 자연스럽게 관련 절차가 진행되지만, 이와 달리 사회적 약자들이 그 소집을 요청했을 때는 '사회적 이목이 집중된 사건'이 아니라는 이유로, 수사심의위원회 소집 여부를 결정하는 부의 심의위원회조차 열리지 않고 그냥 패싱당한다. 이러한 현실이 과연 정당하다고 볼 수 있을까? 현실적으로 우리가 그 절차를 작동시킬 수 있는 방법은 없는 까닭에 자조 섞인 질문만 던지게 된다.

"함부로 따라 해서는 안 되었던 것일까? 힘 있는 사람들이 이용하는 수사심의위원회이니만큼 우리는 구경만 했어야 할까?"

그래도 얻은 것이 있다면 검찰 개혁이 무엇인지를 진지하게 고민하는 계기가 되었다는 점이다. '우린 그저 구경만 하고 함부로 따라 해서는 안 되는 제도를 만드는 것, 이게 바로 진정한 개혁의 결과인가?'라는 질문은 끝끝내 나를 이런 결론으로 이끌었다.

"새롭게 뜯어고치는 대상이 '제도'에만 그쳐서는 안 된다. 아무리 좋은 제도를 도입해도 시민들을 향한 수사기관의 태도가 바뀌지 않는 한, 우리는 우리가 낸 세금으로 운영되는 수사기관에서 그저 구경꾼 취급만 받을 수밖에 없다. 검찰 개혁의 결과로 인해 좋은 서비스를 누리는 사람은, 특정 계층과 사람에 그치는 것이 아니라 모든 시민이어야만 한다. 새로운 제도 도입에 열을 올리는 만큼 그들의 태도를 뜯어고치는 일에 우리가 집중해야 하는 이유이다."

앞에서 소개한 오마이뉴스 조혜지 기자의 인터뷰 내용에 담긴 이 부분 또한 고민의 결과다.

> **기자 :** 시민을 위한 검찰은 사실 검찰 개혁의 가장 중요한 목표 중 하나였다.
> **필자 :** 장애인이나 이주 노동자 등 일반 시민 사건을 진행하는 변호사로서 굉장히 소외감을 느끼는 지점이다. 검경 수사권 조정이 되든, 공수처가 만들어지든, 일반 시민들의 삶과 무슨 관계가 있

느냐는 거다. 고소장을 들고 가도 문전 박대를 당하기 일쑤고 '뭐 이런 걸 가져오느냐'고 하는데. 시민들을 위한 검찰과 경찰을 만들어야지, 왜 검경과 권력의 싸움에 우리가 참전해야 하는지 모르겠다. 우리를 위한 싸움을 해야 하는 것 아닌가.

소집 신청 일자	사건명 및 관할 검찰청	결과 통지 날짜	결과
2020. 7. 2.	사찰 노예 사건 (서울북부지방검찰청)	2020. 8. 10.	절차 종료
2020. 7. 29.	이주 노동자 임금 체불 사건 (의정부지방검찰청)	2020. 8. 20.	절차 종료
2020. 9. 14.	고 김홍영 검사 가해 부장검사 사건 (서울중앙지방검찰청)	2020. 10. 16.	기소 권고
2020. 12. 11.	사찰 노예 사건 등 장애인 노동력 착취 수사점검 요청 (대검찰청)	2020. 12. 18.	절차 종료
2021. 6. 1.	유령 대리 수술 피해자 사건 (서울중앙지방검찰청)	2021. 11. 3.	절차 종료

검찰수사심의위원회 소집 신청 및 진행 경과

공소장, 송치 의견서가 검찰 소유물?

변호사 : "대법원 판례에 의하면 당연히 공개할 정보인데 왜 공개
가 안 된다는 말씀인가요?"

검사 : "변호사님 경력을 보니 변호사 생활 아직 오래 하지 않으
신 모양인데, 아무리 관련 대법원 판례가 있다고 하더라도 대검에
서 그렇게 하라는 지침이 내려오지 않은 이상 검찰에서는 공개해
줄 수 없습니다. 소송을 하시죠."

항상 그런 것은 아니지만 가끔 검사와 날선 대화를 나눌 때가
있다. 검사는 사건의 결정 권한을 가진 사람이니 척을 지고 싶은 마
음은 없지만 상식과 공정을 저버린 입장을 그냥 받아들일 수는 없
다. 위 대화도 그런 맥락에서 이루어졌다. 피해를 입은 후 용기를

내어 수사기관에 수사와 가해자 처벌을 요청한 피해자 입장에서는 가해자에 대한 수사가 제대로 이뤄지는지 신경 쓰일 수밖에 없다.

그런데 이 사건은 특별사법경찰관인 노동청 근로감독관이 1차 수사를 한 사건으로 근로감독관은 가해자를 처벌할 수 없다는 의견으로 검찰에 사건을 송치했다. 당연히 가해자 처벌이 이루어질 것이라고 생각한 피해자 입장에서는 청천벽력과 같은 소식이다. 근로감독관의 송치 의견을 뒤집고 검찰로부터 기소 결정을 받아내기 위해서는 근로감독관이 무슨 근거로 가해자를 처벌할 수 없다고 결정한 것인지, '송치 의견서'를 확인하고 주장과 입증을 더 세밀하게 해야 할 절체절명의 순간이다.

근로감독관에게 연락을 하여 도대체 무엇이 부족한지를 따져 물었으나 근로감독관은 이미 검찰에 송치했으니 그 이유는 검찰에 문의하라며 전화를 끊었다. 그래서 우리는 정보공개 포털사이트(www.open.go.kr)를 통해 정보공개 청구를 했다.

정보공개 청구를 한 직후 검찰청 정보공개 담당 공무원으로부터 연락이 왔다. 정보공개는 취하하고 열람등사 신청을 해야 한다는 것이다. 그리고 돌연 정보공개 종료처분이라는 듣도 보도 못한 이상한 처분을 내렸다.

이번 사건뿐만 아니라 검찰은 정보공개 청구를 하면 그 청구를 취하하고 열람등사 신청을 하라고 이야기할 때가 많다. 과연 이러한 관행은 옳은가? 그리고 이번 종결처리는 옳은 것인가?

접수번호	5427823
제목	검찰로 송치된 고용노동지청 진정사건의 수사 기록에 대하여 정보공개 청구합니다.
청구기관	수사과
담당자	정○○
종결처리 사유	[기타] 공공기관의 정보공개에 관한 법률 제4조 1항에 보면 다른 법률에 특별한 규정이 있는 경우에는 정보공개법의 적용범위에서 제외된다고 규정되어 있습니다. 그래서 사건 기록의 경우에는 정보공개에 관한 법률보다 형사소송법 및 검찰 보존 사무 규칙이 우선 적용되므로, 정보공개 청구가 아닌 사건 기록 열람등사 신청을 하여 주시기 바랍니다. 감사합니다.

형사소송법은 열람등사 관련 규정을 두고 있으나 법원 소송 계속 진행 중(제35조) 또는 공소 제기 후 검사가 보관하고 있는 서류(제266조의 3) 등의 열람등사만 규정하고 있을 뿐 수사 진행 중인 사건의 기록 열람등사 규정은 존재하지 않는다. 그렇기에 형사소송법은 애초에 수사 계속 중인 문서에 대한 정보공개에 적용될 여지조차 없다. 결국 형사소송법은 근거가 될 수 없고 남은 건 '검찰 보존 사무 규칙'이라는 검찰 내부 규정뿐이다.

법령에도 일정한 서열이 있다. 상위법 우선의 원칙이라고 불리는데 헌법이 가장 우위에 있고, 법률, 시행령, 시행규칙(총리령, 부령), 조례, 규칙, 고시 등의 순서로 우선된다. 법률이 헌법에 위반하면 헌법재판소의 심사를 통해 위헌 결정으로 효력을 상실하게 되듯

상위법에 저촉되는 하위법은 법의 효력을 부정당한다.

법무부장관이 검찰 내부 규정으로 만든 시행규칙인 법무부령 제1022호인 '검찰 보존 사무 규칙'이 국민의 대표인 국회에서 만든 법률인 정보공개법을 대신할 수 있을까? 절대로 그럴 수 없다. 그러니 검찰 보존 사무 규칙이 정보공개법을 대신할 수 없고 정보공개법 제4조 1항의 '다른 법률에 특별한 규정이 있는 경우'에 해당될 가능성이 없다. 규칙은 규칙일 뿐 법률이 아니기 때문이다.

검찰이 내부 행정규칙을 근거로 사건 관계인의 수사 기록 열람, 등사 요청을 거부한 것이 위법이라고 판시한 법원의 판결은 어렵지 않게 찾을 수 있다. 2021년 12월 16일 광주지방법원에서도 아래와 같이 판시했다.

피고(검찰)는 이 처분의 법적 근거로서 정보공개법 제9조 1항 6호 외에도 검찰 보존 사무 규칙 제22조, 검사와 사법경찰관의 상호협력과 일반적 수사준칙에 관한 규정 제69조 6항을 제시하고 있으나, 검찰 보존 사무 규칙 제22조 등이 '정보의 공개에 관해 법률의 구체적인 위임 아래 제정된 법규명령(위임명령)'이라고 단정하기 어려워, 이를 정보공개법 제9조 1항 1호의 비공개 사유인 '다른 법률 또는 법률에서 위임한 명령에 의해 비공개 사항으로 규정된 경우'에 해당한다고 볼 수 없다.

_ 광주지방법원 2021. 12. 16.선고 2021구합173 판결 중 일부

결국 정보공개 청구 절차에 따라 진행되어야 할 시민들의 공개 요청을 돌연 종료처분하고 열람등사로 안내하는 건, 법무부령보다 더 상위법인 정보공개법을 무력화하는 불법이다. 우리는 정보공개 종료처분에 대해 담당자에게 항의했고, 정보공개 담당자가 검사에게 이 사실을 보고하여 검사가 우리에게 연락을 해온 것이다. 이 글 가장 앞에 실은 '검사와 변호사의 대화'와 같이 검사는 열람을 허가해줄 수 없다며, 대법원 판례가 있어도 대검찰청의 지시가 없는 한 달라질 건 없다고 강변했다.

수사 서류를 공개하는 일이 검찰에게는 부담스러울 수 있다. 그래서 정보공개법에서도 '공개될 경우 그 직무수행을 현저히 곤란하게 한다고 인정할 만한 상당한 이유가 있는 정보'는 비공개 대상 정보의 하나로 규정하고 있다. 그러나 모든 수사 서류가 당연히 비공개 대상 정보라고 해석될 수 없다는 것이 법원의 확립된 판례다.

2022년 5월 한국일보 기사[16]에 따르면, 검찰은 '수사 기록 정보공개 불허취소 청구소송' 13건 중 12건에서 패소했다고 한다(2022년 1월부터 5월 6일까지 선고된 것 기준). 검찰청법 제8조(법무부장관의 지휘·감독)는 법무부장관이 검찰 사무의 최고 감독자로 검사를 지휘·감독한다고 규정하고 있다. 패소가 분명함에도 수사 기록을 시민들에게 공개해주지 않은 검사의 비상식적인 행태, 그리고 소송 패소 시 국민의 혈세로 패소 비용(한 심급당 최대 440만 원)을 물어주고 있는 상황에 대해 법무부장관은 아무런 권고도 하지 않고 구경만 하고 있는 상황이다.

앞의 대화에서 무조건 공개해줄 수 없다고 우기는 막무가내 검사가 아직도 기억에 남는 건, 그 일이 있은 지 몇 개월 후 법관 임용 최종 명단에서 그 검사의 이름을 우연히 발견했기 때문이다. 대법원은 2015년부터 신임 경력 법관 선발 단계 중 최종 임명 직전에 예정자 명단을 공개하고 2주간 국민 의견을 수렴하는 절차를 마련했다. 법관 임용 절차의 투명성을 높여 신규 임용 법관에 대한 국민의 신뢰를 얻겠다는 목적에서다.

"니가 왜 거기서 나와." 가수 영탁이 부른 노래 제목처럼 우리는 모두 뜨악했고, 고민 끝에 의견을 내기로 했다. 대법원 판례보다 대검찰청의 지시가 더 중요하다는 의견을 개진한 검사는 법관으로 임용되기 부적절하다는 의견을 서류에 적어 대법원에 제출했다. 우리의 의견이 반영되어 그 검사는 최종 임용에서 탈락했을까? 그런 일은 일어나지 않았다. 검사 옷을 벗고 법대에 오른 법관이 된 후에는 대법원 판례보다 법무부령을 더 우선시하지는 않겠지만 그래도 뭔가 마음이 헛헛한 걸 지울 수 없다.

피해자 두 번 울리는 검찰

'국가에서 생산한 기록을 확보하고 싶은데 그 기록을 보관하는 곳이 다르다고 해서, 확보할 수 있는 기록의 범위가 현격하게 차이가 난다는 것이 과연 타당한가?'

대한민국에서 이런 일이 벌어지고 있다. 바로 수사 기록이다. 수사 기록이 형사재판 진행 중 법원에 보관되어 있을 때 사건 당사자는 민사소송법에 의거하여 기록 전체를 확보할 수 있다. 그러나 형사재판이 끝나 그 기록이 검찰청으로 넘어갈 경우에는 사건 당사자가 수사기관에 제출한 서류, 사건 당사자의 진술이 담긴 조서만 확보할 수 있을 뿐 다른 서류는 전혀 제공받지 못하고 있다. 그러다 보니 사건 당사자의 마음은 타들어간다.

지적장애 3급인 장애인이 동거하던 숙부, 숙모에게 돼지농장에서 일하고 받은 퇴직금과 보험금 해약금 등으로 모은 2억 3,600만 원을 빼앗긴 일이 있었다. 숙부, 숙모가 인지능력이 부족한 장애인의 예금을 자신들의 통장에 입금해 생활비 등으로 사용한 것이다. 부산장애인권익옹호기관에 의해 발각되어 고발조치되었으나 검찰은 장애인이 가출해 숙부, 숙모와 함께 살지 않았던 2018년 1월부터 4월까지 3개월간 빼앗긴 1,400여 만 원에 대해서만 공소 제기를 했다. 재산범죄에 있어 동거친족의 경우 처벌을 면해주는 친족상도례 규정 때문이었다.

장애인은 민사소송을 통해서라도 피해를 구제받기 위해 손해배상 청구를 제기했는데, 기소된 1,400만 원에 대해서는 확정판결문을 증거로 제출할 수 있지만 불기소된 나머지 금액에 대해서는 증거가 없는 상황이었기에 수사 기록을 확보하기 위해 노력했다. 하지만 검찰은 '검찰 보존 사무 규칙'에 따라 사생활 침해 우려가 있으므로 열람등사를 허용할 수 없다는 입장을 고수해 피해 장애인을 두 번 울리는 일까지 있었다.[17]

위 사례처럼 민사소송에서 입증을 위해 형사사건 기록을 증거로 확보해야 할 때가 있다. 민사소송법은 '문서송부의 촉탁'이라는 제도를 두고 있다. 증거를 확보하려는 재판 당사자는 문서를 가지고 있는 사람에게 그 문서를 보내도록 촉탁할 것을 법원에 신청하는 것이다. 법원으로부터 문서의 송부를 촉탁받은 사람은 정당한 사유가 없는 한 이에 협력하여야 한다는 규정이 민사소송법 제352조의 2에 규정되어 있다.

그러나 유독 그 협력 의무를 이행하지 않는 건 바로 검찰이다. 검찰청에서 보관하고 있는 수사 기록, 형사재판 기록 등에 대한 문서송부 촉탁을 하는 경우 검사는 신청한 사건 당사자가 수사기관에 제출한 문서 또는 그 당사자의 진술이 담긴 진술조서만 보내줄 뿐 다른 서류는 일절 보내주지 않고 있다. 형사사건 관련자의 사생활의 비밀이라는 명분을 내세우지만 주민등록번호 등 인적사항이 특정될 수 있는 자료를 지우고 제공해주면 될 일이다.

국가인권위원회와 검찰미래위원회의 권고, 검찰은 불수용

국가인권위원회도 2019년 11월, 검찰 불기소사건 기록의 열람·등사 범위를 확대해야 한다는 입장을 밝혔다. 국가인권위원회(위원장 최영애)는 불기소사건 기록의 열람·등사와 관련해 상위법령의 명확한 근거 없이 법무부의 내부 사무 처리 준칙인 '검찰 보존 사무 규칙'에만 근거하여 본인이 제출하거나 본인의 진술에 기초한 서류에 대해서만 열람·등사가 가능하다고 일괄적으로 규정하는 것은 국민의 '알 권리'를 과도하게 침해하는 것으로 판단했다. 이에 국회의 장에게 불기소사건 기록 열람·등사 관련 규정을 신설하고, 그 신청권자와 신청 범위를 확대하는 방향으로 형사소송법을 개정하는 것이 바람직하다는 의견을 표명했다. 또한 법무부장관에게는 불기소사건 기록의 열람·등사 신청 범위를 과도하게 제한하고 있는 현행 '검찰 보존 사무 규칙' 제20조 2는 형사소송법이 개정되기 전까지 구성원들에 대해 내부 구속력을 가져 이에 따른 인권침해가 지속될 가능성이 존재하므로, 형사소송법이 개정되기 전이라도 불기소사건 기록의 열람·등사 신청 범위를 과도하게 제한한 '검찰 보존 사무 규칙' 제20조 2를 신속히 개정하여 시행할 것을 권고했다.[18]

검찰미래위원회 또한 2019년 6월, 검찰총장에게 형사 피해자들의 권리보호를 강화하고 관련 제도를 개선하라는 권고문을 보내며, 사건 기록에 대한 범죄 피해자들의 접근성을 확대해야 한다는 뜻을 담았다. 사건 기록 열람·등사에 관한 업무 처리 지침 등 규정을 적극 해석해 실질적으로 피해자 권리보호에 활용해야 된다는 것이다.[19]

수사 기록은 국민에게 공개되어야 한다

앞에서 살펴본 것처럼 국가기관의 수차례 권고에도 아랑곳하지 않은 채 검찰은 수사 기록을 꽁꽁 숨겨두고 있다. 기록을 확보하지 못한 시민들의 절망은 계속 쌓이는 중이다. 수사 기록의 소유권은 검찰에게 있지 않다. 국민인 우리 소유다. 국민에게 위임받은 권한으로 수사를 한 검찰은 그 기록을 국민에게 공개해야 한다. 수사 기록을 꽁꽁 숨기는 관행을 내려놓고 적극적으로 수사 기록을 시민들에게 공개하는 것이 국민 중심 검찰의 기본적인 태도여야 하지 않을까? 검찰 사무의 최고 감독자로서 일반적으로 검사를 지휘·감독하는 의무를 가진 법무부장관도 그냥 구경만 하지 말고 적극적으로 개입하여 잘못된 관행을 바로잡는 데 앞장서야 할 것이다. 만약 이러한 관행이 개선되지 않는다면 종결된 수사 기록은 즉시 검찰청이 국가기록원 등 제3의 국가기관에 이관하도록 제도를 개선할 필요가 있다.

사회적 약자인 피해자를 위한
공판검사는 없다

부장판사에게 꾸지람 듣는 공판검사?

누구나 첫 경험은 강렬하다. 법조인으로서 법원과 검찰을 계속 마주하지만 법조인이 되기 위한 과정에서 처음 경험한 것은 잘 잊히지가 않는다. 그 기억 하나를 꺼내본다. 사법연수원 2년 차 때 검찰과 법원에서 2개월씩 실무수습이 진행되었다. 나는 검찰 실무수습을 먼저 받았는데 2개월 동안 내가 만난 검사들은 늘 당당하고 멋진 모습이었다. 이후 나는 법원에서 진행하는 실무수습에 참여했다.

법원에서 진행하는 실무수습 기간 중 형사부 판사들과 공판검사가 함께 모이는 식사 자리에 초대받은 적이 있다. 아마 부장판사는 여러 경험을 쌓도록 하기 위해 실무수습 중인 나를 그 자리에까지 초대한 것으로 생각된다. 처음에는 여러 덕담으로 진행되던 대화가 약간 어색해지는 분위기로 이어지더니 부장판사가 그 자리에서 공판검사를 꾸짖는 상황까지 연출되는 것이 아닌가? 공판검사가 재판 절차에 비협조적이라는 이유에서였다.

부장판사는 다소 격앙된 목소리로 공판검사에게 "이렇게 하시면 예고 없이 무죄판결 선고합니다"라고 으름장을 놓았고, 공판검사는 앞으로 잘하겠다며 머리를 조아렸다. '이런 자리에 내가 있어도 될까?' 하는 생각이 들 정도로 불편한 시간이었다.

이 장면이 20년이 지난 지금까지 기억에 남는 건 변호사로 형사 사건에서 경험하는 공판검사들의 모습이 매우 불량했기 때문이다. 이른바 주요 사건이라 분류되는 사건, 언론에 보도되는 사건들에서 검찰은 공소 제기 후 공소 유지를 수사만큼이나 알뜰히 챙긴다. 지방으로 근무지를 옮긴 이후에도 수사검사가 서울까지 올라와 공판에 참여했다는 이야기는 미담처럼 회자되기도 한다.

번번이 직무유기,
미덥지 못한 공판검사

통상적인 사건에서 공판검사들의 태도는 어떨까? 사건 수사에 전혀 관여하지 않은 검사가 공판에 참여하며, 6개월 또는 1년에 한 번씩 검사가 바뀐다. 공판검사 한 명이 보통 두 개의 재판부를 담당하고 있어 재판 준비를 성실히 하는 데 어려움이 있다. 이런 상황이 범죄 피해자들에게는 매우 당황스럽다. 현행 형사 사법 절차에서 피해자는 절차에 참여해 진술할 권리만 주어지기에 공판검사를 지켜볼 수밖에 없다. 그러나 피해자 눈에 비친 공판검사는 미덥지 못할 때가 많다.

중학생에 대한 교사의 성추행이 아이들의 신고로 세상에 알려진 '청주 스쿨 미투 사건'에서 공판검사는 법정에서 피해 신고 학생의 신원을 노출시켜 2차 피해를 입게 했다(3장 네 번째 글에서 자세히 다루겠다). 이 사건과 관련하여 국민권익위원회는 2021년 12월, 공판검사를 징계할 것을 검찰총장에 요구했다. 공익의 대표자로 피해자를 보호해야 할 의무 주체인 검사가 오히려 피해자의 신원을 노출시킨 일을 그저 단순 실수라고 볼 수 있을까? 그렇다면 이주 노동자 등 사회적 약자가 피해자가 된 사건에서 공판검사의 모습은 어떨까?

2020년 7월 24일 오후, 여주지원 법정에서는 이주 노동자가 피해자인 사업주의 근로기준법 위반 사건 공판이 진행되었다. 2건 모두 사업주가 무죄를 주장하는 사건이었다. 공판조서를 통해 그날 재판정에 있던 공판검사의 태도를 확인할 수 있었다.[20]

첫 번째 사건

농장에서 일하고 있는 다른 이주 노동자가 증인으로 출석했다. 증인은 "증인을 비롯한 농장 근로자들에게 오버타임으로 일한 급여 부분은 그때그때 현금으로 지급했다고 하는데 맞느냐"는 김씨 측 변호인의 질문에 "일주일에 한 번씩 현금으로 받았다"고 답했다. 피해 이주 노동자의 주장과 달리 농장주가 초과 근무 임금을 제대로 지급해왔다고 주장한 것이다. 공소 사실에 반하는 증언이 나왔는데도 이날 공판검사는 증인에게 아무런 질문을 던지지 않았다.

두 번째 사건

농장에서 일하는 한국인 직원이 증인으로 나왔다. 농장주는 이주 노동자 2명에게 2,700만 원 상당의 임금을 미지급하고, 이들이 불만을 표하자 돌연 해고하면서 해고 예고 수당을 주지 않은 혐의로 재판을 받고 있었다. 증인은 이날 "고소인들이 자발적으로 그만뒀다"는 취지로 증언했다. 해고 사실 자체를 부정하는 증언이었지만, 이번에도 공판검사는 아무런 질문을 던지지 않았다.

피고인의 무죄 주장에 부합하는 증언이 나왔다면 검사의 공소 유지에는 빨간불이 켜진 셈이다. 보통 이런 경우 검사가 증인의 증언을 탄핵하기 위한 여러 질문을 던지는 것을 기대하게 된다. 그러나 공판검사는 위 두 사건에서 단 한 개의 질문도 던지지 않았다. 결국 무죄가 선고되었다. 검사가 공소 제기한 사건이 무죄가 선고되는 건 그리 특별한 일이 아니다. 그러나 공판검사가 피고인 측 증인의 진술을 탄핵하기 위해 질문을 하나도 던지지 않았다는 건 결과를 떠나 참으로 특별한 일이다. 피해자인 이주 노동자에게는 참사와 같은 일이다. 결국 우리는 이런 질문을 던지게 된다.

"이주 노동자 등 사회적 약자를 위한 공판검사는 존재할까?"

날마다 변호사로서의 경험을 기록으로 남겨두는 내 블로그에는 2018년 4월 21일, '공판검사 : 재판할 때는 딴짓 말자'는 제목의 글도 남겨져 있다.[21]

검사 : 재판장님, 변호인의 질문은 이 사건과 상관없는 것입니다.
판사 : 네? 이 사건은 강제추행에 대한 정당방위를 주장하는 것이니 (상관있습니다). 변호인 그냥 하세요.

어제 형사법정에서 일어난 실화. 공판검사의 이런 엉뚱한 질문이 가능했던 이유는 충격적이지만 공판검사의 '딴짓(?)' 때문이었다. 공판검사는 검찰 측 증인에 대한 신문을 기계처럼 한 후 반대 신문 시간에는 계속 다른 책(잡지?)을 보고 있었고, 재판정이 작아 그 행동이 계속 눈에 보여 거슬렸다.
재판했던 사건은 '이주 여성의 뒤늦은 미투'로 세상에 알려진 사건이다. 검사는 사건에는 아무 관심이 없는 태도로 그냥 준비한 것을 읽더니, 자기 순서가 아닐 때는 딴짓을 했다. 이 장면을 보고 예전 사법연수원 시절 경험했던 충격이 떠올랐다.

법조윤리 대강당 수업 시간, 법조 원로 분들의 강의 때 재판실무 책에 밑줄을 그으며 공부하던 연수생들의 모습이 떠오른 것이다. (참고로 나는 가끔 졸았지만, 절대 그와 같은 딴짓에 동참하지는 않았다. 그게 연수원에서 내가 한 행동 중 가장 잘한 짓이다.)

검찰청법 제4조 제1항은 검사의 직무를 '공익의 대표자로서 범죄 수사, 공소의 제기 및 그 유지에 필요한 사항'이라고 규정하고 있다. 검사의 직무는 '직접 수사'에만 있지 않다. 오히려 공소 제기 및 유지는 경찰 등 다른 수사기관은 행사할 수 없는 검찰의 독점적 권한이다. 그러나 검찰의 독점적 행사에 대한 시민들의 신뢰는 계속 추락하고 있다.

법원 합의부 판결문에는 재판장인 부장판사 이름이 가장 먼저 나온다. 그러나 검찰의 공소장에는 그 공소 제기를 승인한 부장검사의 이름은 기재되어 있지 않다. 마찬가지로 형사판결문에도 수사검사, 공판검사 이름만 기재된다. 부장검사라면 뒤에 숨어 있을 것이 아니라 소속 검사들이 공소 제기한 사건의 책임자로서 법정에 나와 공소 유지를 끝까지 맡아 진행해야 하는 것이 아닌가?

검찰청법 개정으로 직접 수사의 범위가 줄어들어 국민이 피해를 입게 되었다고 검찰은 아우성이다. 그러나 검찰이 안타까워할 건 잃어버린 '직접 수사권'이 아니라 부실한 공소 유지 등으로 잃어버린 '국민의 신뢰'가 아닐까?

물론 검찰청 차원에서 공판부를 강화하겠다는 이야기는 반복되었다. 2021년 6월 발족된 '국민중심검찰 추진단'의 6개월 활동 경과 보고에서도 "공판업무 증가에 따른 업무량 분석, 인력·조직 진단을 통한 공판부 증설 및 공판검사 증원 등 공판 강화 방안도 추진 중에 있음"이라는 내용이 담겨져 있다. 그러나 이런 방침은 새로운 것이 아니다. 수사기관에서 만든 서류를 중심으로 재판을 진행할 때와 달리 법정에서 나타난 자료와 증언을 중심으로 진행되는 공판 중심주의가 자리 잡힌 2000년대부터 검찰은 잊을 만하면 한 번씩 공판부를 강화하겠다는 입장을 밝혀왔다. 그 입장문에는 이런 세 가지 내용이 단골 메뉴처럼 등장한다.[22]

1) 공판 기능 강화 위해 인사, 조직 관리 개선 절실
2) 공판검사 업무 부담 가중… 사건 내용 제대로 파악도 못 해
3) 준비 소홀은 무죄율 증가와 직결… 검찰권 행사 신뢰성 추락

양치기 소년의 이야기를 믿지 못하는 것처럼 이제 검찰이 공판부를 강화하고 공소 유지에 힘을 쏟겠다는 말을 해도 곧이곧대로

믿는 시민들이 있을까 싶다. 매번 말뿐인 검찰 수뇌부의 공판부 강화 조치에 질려 있을 때 그래도 반가웠던 건 일선 검사들이 의기투합했다는 소식이었다.

2019년 7월 전국 검찰청 소속 20여 명이 공판검사의 역할을 성실하게 하기 위해 뭉쳤다고 한다. 모집 당시 유행한 영화 〈어벤저스〉에 착안해 모임의 이름을 '공판 어벤저스'로 지은 이 모임에서 가장 먼저 한 일은 초임 공판검사를 위한 업무 매뉴얼 작성이었고, 2019년 상·하반기에 걸쳐 일선 공판검사들에게 '공판 스타터 키트'를 배부해 초임 검사들의 고충을 덜어주는 데 큰 역할을 했다고 한다. 아래는 공판 어벤저스의 일원인 정명원 검사가 한 신문 칼럼에 적은 내용 중 일부다.[23]

"그 일을 좋아하고 잘해내고 싶어 못내 가슴이 뛰는 검사들을 추동하는 힘은 조직의 인정이나 그럴듯한 보직의 약속이 아니라, 낱낱의 외로운 법정에서 치열하고 뜨겁게 마주했던 구체적인 사건의 기억들이다. 누가 인정해줘서가 아니라 언론이 크게 조명해서가 아니라 이름 없이 마주하는 사건과 사람 앞에 다만 부끄럼 없이 당당하고 싶다는 마음만으로도 우리는 충분히 반짝일 수 있다."

지구의 마지막 희망이 된 어벤저스처럼, 공판 어벤저스의 노력으로 공익의 대표자 검사가 법정에서 제 역할을 다하여 시민들에게 큰 희망이 되어주면 좋겠다.

3장

검찰 밥상에서
뒤편에 밀려버린
우리네 사건들

유령 대리 수술 사건 :
상해죄 대신 사기죄로만 기소하는 검찰

유령 대리 수술 :
대한민국 수술실에서 도대체 무슨 일이?

미국 뉴욕에서 발간되는 대표적인 일간지로 전 세계적으로 영
향력이 있는 뉴욕타임스에, 한국의 유령 대리 수술에 대한 기사가
실렸다(2022년 5월 13일 인터넷판). 기사 제목은 "South Korea Turns to
Surveillance as 'Ghost Surgeries' Shake Faith in Hospitals."(번역 : "한
국은 '유령 대리 수술'이 병원에 대한 믿음을 흔들면서 병원 감시 체제로 전환합니
다.")이다.

이 기사를 통해 한국에 만연된 유령 대리 수술의 실태를 소개했
고, 한국이 수술실 내 CCTV 설치를 요구하는 최초의 국가가 되었
다는 사실을 전 세계에 알렸다. 이 기사에는 나의 짧은 인터뷰도 담
겨 있다.[24]

"They were treating patients like objects on a conveyor belt in a factory," Mr. Choi said. "It's frightening."(번역 : "그들은 공장에 있는 컨베이어 벨트 위의 물건처럼 환자를 대하고 있었다"고 최씨는 말했다. "무섭다.")

2021년 5월 인천광역시 한 척추 전문병원에서 이뤄진 대리 수술 영상이 언론을 통해 공개되었다. 행정실장, 원무과장 등 비의료진이 칼을 잡고 환자의 피부를 절개하고 봉합했다. 어설프지 않고 능숙하게 칼질과 봉합을 하는 장면을 본 많은 시민들은 충격을 받았고 분노했다. 도대체 대한민국 수술실에서 무슨 일이 일어나는 것일까?

나는 이 사건 공익신고자의 대리인이다. 공익신고자가 신분을 드러낼 경우 여러 피해를 입을 수 있기 때문에 국민권익위원회는 '비실명 대리 신고제도'를 운영하고 있고 이 사건 공익신고자도 이를 이용했다. 나는 수사 참여 등 공익신고 첫 단계부터 공익신고자를 대신하여 전 과정에 참여하면서 유령 대리 수술의 심각성에 대해 알게 되었다.

의료 분야는 변호사의 업무 중 전문적인 영역이기에 변호사로 의료 소송을 할 기회는 많지 않았다. 그러나 이 사건의 비실명 대리 신고인이 된 이후 나는 오래전부터 유령 대리 수술 문제를 해결하기 위해 애쓰고 있는 성형외과 전문의 김선웅 원장, 성형외과 수술

중 과다출혈로 사망한 고 권대희 씨 어머니 이나금 활동가와 함께 열심히 목소리를 높이고 있다. 의료 전문 변호사는 많지만 유령 대리 수술 전문변호사의 탄생은 세계 최초가 아닐까? 자칭 유령 대리 수술 전문변호사로 사안을 들여다보면 볼수록 이 사건에 대한 검찰의 태도에 문제를 제기하지 않을 수 없다.

유령 대리 수술 의료진에 고작 사기죄 적용?

"먼저, 이 사건은 검찰의 공익 침해 범죄에 대한 책임을 묻는 소송입니다. 일부 의료진은 '공장식 유령 수술실'을 운영하면서 불특정 사람들의 신체를 훼손하거나 생명을 박탈해온, '수술실 연쇄살인 사건'을 저지른 '의료계' 내의 공익 침해 범죄자입니다. 그러나 검찰은 그들의 형사적 책임을 면탈시켜 주기 위해 대담하게도 '형법전'의 '범죄구성요건'을 '재단'해버렸습니다. 한마디로 이 소송에서 손해배상의 대상이 되는 '국가기관'의 공익 침해 범죄는 바로 '형법전 재단'이라는 사상 초유의 '범죄행위'라는 말씀입니다."

2021년 10월 13일 현직 성형외과 의사 김선웅 원장은 국가배상 소송을 제기한 이유를 묻는 판사의 질문에 위와 같이 답변했다. 김 선웅 원장은 유령 대리 수술 근절을 위해 10년 동안 앞장서 싸우고 있는 대한민국 유일무이한 의사다. 그는 유령 대리 수술이 판을 치는 대한민국에서 성형외과 전문의로 살기 힘들게 되었다며 "유령 대리 수술이 대한민국에 만연하게 된 책임은 국가, 특별히 검찰조직에 있다"는 주장이 담긴 국가배상 소장을 2021년 6월 법원에 제출했다.

김선웅 원장은 2014년 4월 대한성형외과의사회로부터 유령 대리 수술 관련 특임이사로 임명되어 2년간 활동했다. 2013년 12월 서울 강남 소재 유명 성형외과에서 코 성형수술을 받던 여고생이 뇌사 상태에 빠진 사건이 발생했고, 이 사건을 계기로 의사회가 나서서 자정 노력을 기울인 것으로 평가된다.

그는 2년 동안 특임이사로 활동하며 유령 대리 수술에 대한 수사기관, 특히 검찰의 판단이 상식에 부합하지 않다는 것을 발견했다고 한다. 유령 대리 수술은 환자의 신체를 훼손한 범죄임이 명백함에도 수술에 참여한 의사를 상해죄로 처벌하지 않고 병원 원장만 사기죄로 처벌하는 것이 이해되지 않았다는 것이다.

그를 비롯한 의사회의 노력에 힘입어 서울 강남 소재 모 성형외과에서 수술받은 33명의 환자들이 유령 대리 수술 피해자로 2015년 밝혀졌다. 그러나 검찰은 아래와 같이 수술에 참여한 치과

의사를 불기소처분하였다. 아래는 검찰의 불기소처분의 이유가 담긴 '불기소 이유서' 중 일부다.

> 피의자 김○○은 수술 전에 고소인을 만나 상담한 사실이 인정되고, 또한 고소인이 피의자 김○○이 수술하는 것에 동의하지 않았다 하더라도 이러한 사실만으로는 치과의사인 피의자 김○○이 고소인을 수술할 때 고소인에게 상해를 가할 범의가 있었음을 인정하기 어렵고 달리 이를 인정할 만한 증거가 없다.
>
> _ 2016. 4. 1.자 검찰 불기소 이유서(서울중앙지방검찰청 2015형제38375 등 사건) 중 일부

특임이사 기간이 만료된 이후에도 그는 유령 대리 수술 근절을 위해 유튜브 채널 '닥터벤데타'를 만들어 유령 대리 수술의 실체를 폭로했고, 수술실 내 CCTV 설치 의무화 법안 통과에도 힘을 쏟았다. 그 노력의 결과로 2021년 8월 31일 수술실 내 폐쇄회로텔레비전(CCTV) 설치 의무가 담긴 의료법 개정안이 국회를 통과해 입법화되어 2023년 9월 25일 시행을 앞두고 있다.

우리는 여기서 이 질문을 던지게 된다.

"형법전에 적혀 있는 상해죄, 왜 수술실엔 적용되지 않는가?"

> **형법 제257조**(상해, 존속상해)
> ① 사람의 신체를 상해한 자는 7년 이하의 징역, 10년 이하의 자격
> 정지 또는 1천만 원 이하의 벌금에 처한다.

대한민국 형법에는 사람의 신체를 상해한 자를 처벌하는 규정
이 있다. 의사가 환자의 몸에 칼을 대는 수술 행위가 형법상 상해죄
로 처벌되지 않는 이유는, 환자의 승낙이 있기 때문이다. 그런데 유
령 대리 수술은 환자의 승낙을 받지 않은 의사 또는 비의료진이 환
자의 몸에 칼을 대는 행위다.

아무리 의사 자격이 있다고 하더라도 환자의 동의 없이 환자의
몸을 침습하는 행위를 했다면 형법상 상해죄로 처벌받는 것이 마땅
함에도 검찰은 '고의가 없다'는 이유로 가해자들에게 불기소처분을
내렸다. 바로 이 지점에서 '검찰이 형법전에 규정된 상해죄를 자의
적으로 재단한 것'이라고 김선웅 씨는 주장한다. 그리고 그 위법한
법 집행으로 인해 자신이 일하는 수술장이 '공장식 유령 수술실'로
바뀌고 있다고 호소한다.

실제 검찰이 유령 대리 수술 참여자를 상해죄를 적용하여 공소
제기한 사례를 찾아볼 수 없다. 2016년 성형외과 수술실에서 과다
출혈로 사망한 고 권대희 씨 사건에서도 검찰은 업무상 과실치사죄

로 공소 제기했고, 상해치사죄 적용은 하지 않았다. 유족들이 나서서 공소장 변경을 요청했지만, 검찰은 끝끝내 받아들이지 않았다.

앞서 언급한 인천의 한 척추병원에서 일어난 유령 대리 수술 사건은 다른 대리 수술 사건과는 차원이 다르다고 할 정도로 매우 심각한 경우였다. 환자로부터 동의받지 않은 의사도 아닌 '비의료진'이 칼을 들고 사람 신체의 일부를 절개한 상황이었기 때문이다. 나는 공익신고자의 대리인으로 시민단체들과 함께 기자회견까지 열어 이 사건은 반드시 상해죄로 처벌되어야 한다고 목소리를 높였고, 의견서까지 제출했다.

그러나 검찰은 행정실장 등 비의료진이 수술 과정에 참여해 환자들의 몸에 칼을 댄 행위에 대해서 형법상 사기죄와 보건범죄단속에 관한 특별조치법 위반(부정의료업자)으로만 공소 제기했다. 위험한 물건인 칼로 사람을 상해한 범죄행위에 적용되는 형법상 특수상해죄는 비의료진의 유령 대리 수술에도 끝끝내 적용되지 않았다.

상해죄 적용,
안 하는 걸까? 못 하는 걸까?

"그래도 면허 있는 의사인데 칼을 휘두른 사람과 똑같이 상해죄를 적용할 수 있을까?"라는 의문을 가질 수 있다. 그러나 의사는 누구 몸에나 칼을 댈 수 있는 면허를 가진 사람이 아니다. 긴급한 상황이라면 몰라도 환자의 동의가 없다면 아무리 의사 면허를 가진 사람이라 해도 타인의 몸에 칼을 대면 형법상 상해죄에 해당한다는 것은 보편적인 상식이다. 독일은 이미 1894년 판결을 통해 환자의 동의 없는 수술의 경우 상해죄 성립을 인정해왔으며, 미국 뉴저지주의 1983년 판결에서도 사전 동의서에 확인된 사람이 아닌 다른 의사가 집도한 수술은 폭행, 상해라고 판시했다.

---

92 N.J. 446 (1983)
457 A.2d 431

BETTY L. PERNA AND THOMAS R. PERNA, JR., PLAINTIFFS-APPELLANTS,
v.
MICHAEL J. PIROZZI, M.D., ANTHONY DEL GAIZO, M.D., AND PATRICK N. CICCONE, M.D., DEFENDANTS-RESPONDENTS, AND MANSOOR KARAMOOZ, M.D., DEFENDANT.

The Supreme Court of New Jersey.

Argued October 25, 1982.
Decided March 2, 1983.

미국 뉴저지주 대법원의 'Perna 대 Pirozzi' 판결문 중 일부

미국 뉴저지주 대법원은 'Perna 대 Pirozzi' 사건에서 "환자의 동의 없이 수술 의사가 변경되는 것은 '유령 수술(ghost surgery)'"이라고 정의했다. 환자를 집도하지 않은 비뇨기과 전문의는 의료 과실에 따른 손해배상 책임을 부담하고, 환자로부터 동의를 전혀 받지 않

고 수술을 실시한 의사들은 폭행·상해(battery)죄가 성립된다고 판단했다. 이런 판단의 전제로 "모든 비합의성 접촉은 폭행이며, 환자의 동의 없이 수술을 하는 외과의사가 다른 사람을 허락 없이 만지면 폭행을 범하는 것"이라고 명시했다.[25]

그런데 이로부터 약 40년이 흐른 지금까지도, 대한민국에서는 의사 아닌 비의료진이 수술실에서 환자의 몸에 칼을 휘둘러도 상해죄 적용을 받지 않는다. 이 상황을 어떻게 받아들여야 할까? 답답한 마음에 여러 자료들을 찾던 중 2015년 7월 서울서부지방검찰청에서 운영하는 보건의약식품전문검사 커뮤니티와 대한의료법학회가 공동으로 진행한 세미나 자료 중 '수술 환자의 권리보호에 대한 형사법적 쟁점'이라는 글에서 이 내용을 발견했다.

환자의 명시적인 의사에 반한다는 사실을 알면서도 동의를 받지 않은 의사가 수술을 시행하는 경우는—의료 행위의 긴급성 등이 인정되지 않는다는 전제하에서—사실상 환자에 대한 '적대적인' 신체 손상을 인식하고 의도하였다고 볼 수 있어 상해의 고의가 인정된다고 보아야 할 것이다. 또한, 위와 같이 특별한 사유 없이 환자의 명시적인 의사에 반하여 수술을 강행하는 행위는 특별한 사정이 없는 이상 사회통념상 용인될 수 없는 사회 상규에 위배되는 행위로서, 정당행위에 해당한다고 보기도 어려운 바, 상해죄의 죄책을 인정함이 상당하다.

이 글은 2021년 대검찰청이 2,000명 넘는 검사 중 특별히 보건, 의약 분야의 스페셜리스트로 인정한 공인전문검사(블루벨트)인 유재근 검사(현재 서울중앙지방검찰청 보건의료 전담 부서인 형사2부 소속)가 발표한 자료 중 일부다. 긴급하지 않은 수술임에도 환자의 동의를 받지 않은 의사가 수술을 시행하는 경우 상해죄의 죄책을 인정하는 것이 맞다는 내용이 명확하게 포함되어 있다.[26]

유재근 검사의 의견대로라면 유령 대리 수술 가해자에 대한 상해죄 처벌은 가능해 보인다. 그러나 검찰은 앞서 소개한 여러 사건에서 상해죄를 적용하지 않았다. 검찰은 상해죄를 적용하지 않은 이유를 명확하게 밝히지 않고 있다. 그러다 보니 유령 대리 수술 피해자들만 고스란히 고통을 감내하고 있는 현실이다.

유령 대리 수술 피해자의 절규

2021년 6월 1일 서울중앙지방검찰청 앞에서 유령 대리 수술 피해자들의 기자회견이 진행되었다. 의료범죄를 중상해, 살인미수죄로 기소 요구하는 검찰수사심의위원회 소집을 요청하기 위해서였다.

자신의 얼굴 형태에 콤플렉스가 있던 20대 한 모 씨는 2012년 서울 강남의 A성형외과를 찾았다. 그 당시 병원장 유 모 씨가 양악 수술 권위자라는 광고를 보고 찾아간 한 모 씨는 턱 수술을 하지 않으면 얼굴 형태가 넓적해진다며 양악과 턱 수술을 함께 하라는 권유를 받고 예약금을 걸었다. 하지만 비용이 1,000만 원이 넘고 수술 실패에 대한 두려움으로 6개월이나 망설였다.

"원장님은 VIP 환자 아니면 진료도 안 보십니다. 마지막으로 병원장이 직접 수술을 해주는 겁니다"라는 병원 측의 말을 듣고, 이 기회를 놓치면 평생 후회할 것 같은 마음에 2013년 1월, 한 모 씨는 수술을 결심했다. 초소형 녹음기를 몰래 숨겨 수술실에 들어갈 정도로 수술 성공 여부에 걱정이 많았다고 한다.

걱정이 그저 기우에 그쳤으면 좋았으련만, 걱정은 현실이 되고 말았다. 수술 후 2년 6개월이 지난 시점인 2015년 8월 '광대축소술 후 감각 소실 및 비대칭, 양악수술 후 좌측 턱 비대칭, 양악수술 후 상악 돌출 변형'이라는 후유증 진단을 받을 만큼 수술은 대실패였다. 그러나 더 충격적인 건 수술실에 숨기고 들어간 녹음기에 직접 수술을 한다고 약속한 병원장의 목소리가 담기지 않았다는 점이었다.

2년이 넘는 수사 과정을 통해 이 수술은 성형외과 전문의인 병원장 유 모 씨가 아닌 치과의사 김 모 씨가 진행했다는 사실이 밝혀졌다. 치과의사 김 모 씨는 기능적인 측면을 도와주는 의사라고 병원장에게 소개받아 상담한 적이 있었을 뿐, 그가 수술한다는 설명을 들은 사실도 없고 그에 동의한 바도 없었다. 그렇다면 한 모 씨를 속이고 심각한 후유증을 남긴 이 수술을 진행한 병원장과 치과

의사는 어떤 처벌을 받았을까?

한 모 씨를 비롯하여 33명의 환자를 속이고 수술비 약 1억 5천만 원을 편취한 사기 혐의로 기소된 병원장은 2020년 8월 징역 1년 실형을 선고받고 법정 구속되었고, 2021년 5월 27일 대법원에서 확정되었다. 그러나 치과의사 김 모 씨는 이 사건과 관련하여 아무런 처벌을 받지 않았다. 수술 동의를 받지 않은 의사가 한 모 씨의 얼굴에 칼을 들이댄 것은 형법상 상해죄에 해당된다고 주장했지만 검찰은 불기소처분했다.

대리 수술을 한 의사들을 상해죄로 기소한 검사는 아직까지 대한민국에 나타나지 않고 있다. 한 모 씨를 수술한 치과의사 김 모 씨는 지금도 바로 그 성형외과에서 '구강악 안면 외과 전문의'로 근무하고 있다. 환자로부터 동의받지 않은 수술을 감행해도 형사처벌은커녕 의사 면허에도 아무런 문제가 없는 대한민국은, 피해 입은 환자에게는 지옥이고 의사에게만 천국인 나라다.

이런 나라에서 의사들이 히포크라테스 선서를 기억하고 윤리적 선택을 하리라 기대할 수 있을까? 영업이익의 극대화에만 혈안이 되어 윤리적 선택을 저버리는 의사들은 계속 세상에 폭로되고 있다. 그러다 보니 앞서 소개한 것처럼 인천의 한 척추 전문병원에서는 의사도 아닌 간호조무사들이 의사를 대신해 수술하고 있는 상황이 초래된 것이다.

이 사건과 같이 동의받지 않은 의사 또는 의사가 아닌 자가 수술에 참여하는 이른바 유령 대리 수술은 의사가 직무상 범위 내에서 일반적으로 저지를 수 있는 것으로 예정하고 있는 범죄유형(허위진단서 발급과 의료사고에 의한 업무상 과실치사상, 업무상 비밀누설 등)을 벗어나 지극히 반사회적인 것이다. 그럼에도 수사기관의 소극적인 법 적용으로 인해 대부분 의료법 위반으로 벌금형 처벌을 받는 데 그치고, 극히 일부분만 사기죄와 경합하여 공소 제기된다. 이건 타당한 일일까? 이 판단을 그저 검찰에 맡겨놓으면 될 일인가?

우리는 피해자를 대리하여 세 차례 서울중앙지방검찰청 검찰수사심의위원회에 의견서를 제출했다.

불법 유령 대리 수술이 이렇게 버젓이 이루어지고 있는 현실에 대해 지금까지 수사기관의 엄격한 법 적용이 이루어지지 않기 때문이라는 국민적 의혹이 제기되고 있으며, 이 사건을 포함한 유령 대리 수술 가담자의 처벌 여부에 대해 사회적 이목이 집중되어 있다고 할 것입니다.
('검찰수사심의위원회 소집 신청서' 중 일부)

따라서 국민의 알 권리, 인권보호 필요성, 사안의 중대성 등을 고려하여 이 사건에 대한 '공소 제기 또는 불기소처분'에 대해 검찰수사심의위원회 소집 및 심의 필요성이 있기에 이 사건 검찰송치 시점에 맞추어 검찰수사심의위원회 소집 신청서를 제출하는 바입니다.

(2021. 6. 10.자 의견서 중 일부)

이번 검찰수사심의위원회가 소집되어 전문가와 시민들의 지혜가 모일 수 있기를, 이로써 유령 대리 수술에 대한 제대로 된 법적 평가가 내려지는 시작점이 되길 바랍니다.

더 이상 유령 대리 수술이 대한민국에서 일어나지 않기를, 피해자와 같은 유령 대리 수술 피해자가 더 나오지 않기를 희망하는 바입니다.

(2021. 6. 23.자 의견서 중 일부)

그러나 피해자의 절규는 끝끝내 묵살되었다. 이 사건도 장애인 노동력 착취 사건, 이주 노동자 임금 체불 사건처럼 검찰수사심의위원회 소집 여부를 결정하는 부의 심의위원회조차 열리지 않았다. 사회적 이목이 집중된 사건이 아니라는 이유로 시민들의 지혜를 모아 판단해달라는 검찰수사심의위원회 소집 절차는 그대로 종결되었다. 그리고 검찰은 이 사건을 재차 불기소했고, 현재 재정 신청 절차를 통해 법원에 공소 제기를 명해달라는 요청을 이어나가고 있다.

유령 대리 수술은 끔찍한 범죄, 엄벌에 처해야 한다

뉴욕타임스 홈페이지에서 "Ghost surgery"로 검색하면 앞에서 소개한 한국 유령 대리 수술 이전 기사도 있다. 'ASSEMBLY APPROVES GHOST-SURGERY BILL : Law to Bar Surgery by Persons Not Designated by Patient'라는 제목의 1978년 6월 6일 자 기사다. 이 기사에는 미국 뉴욕주 의회가 유령 대리 수술을 막기 위해 수술에 참여하는 모든 의료진의 인적 사항을 환자에게 제공하도록 하는 법안을 통과시켰다는 내용이 담겨 있다.

그러나 대한민국에는 아직 그런 법이 없다. 2016년 의료법 개정에 설명 의무가 강화되었지만 모든 의료진은커녕 "환자에게 설명을 하

ASSEMBLY APPROVES GHOST-SURGERY BILL

Law to Bar Surgery by Persons Not Designated by Patient

By E. J. DIONNE Jr.

Special to The New York Times

ALBANY, June 5 — The Assembly passed a bill today designed to combat ghost surgery, the practice of having someone—other than the surgeon employed to perform an operation—operate on a patient without the patient's knowledge.

The bill, which now goes to the Senate, would require surgeons to disclose to patients the identity, status and function of all medical personnel who would be participating in an operation. The information would have to appear as part of the consent form that patients sign before they are operated on.

Physicians who permitted someone other than a person named on a consent form to participate in the surgery would be guilty of professional misconduct.

The bill was a result of reports that operations by persons other than the doctors chosen by to do them had been performed on a huge scale. It faces a better-than-even chance in the Senate.

Another bill, which would bar participation in operations by salesmen of medical equipment, appears to have a dim future. It is expected to get a favorable reception in the Assembly when it comes to the floor, but some members of the Senate said it could run into problems there.

The ghost-surgery bill is aimed especially at hospital resident physicians who have their medical degrees but little surgical experience. Teaching hospitals contend that only through operating experience will residents get the training they need. The teaching hospitals point to their record as being generally superior medical institutions.

Consumer advocates have argued, however, that patients should be warned if someone other than the surgeon they select is to do the operation.

유령 대리 수술 관련 1978년도 뉴욕타임스 기사

는 의사, 치과의사 또는 한의사 및 수술 등에 참여하는 주된 의사, 치과의사 또는 한의사의 성명"만 설명하면 그만이다. 공정거래위원회의 표준약관 개정으로 수술에 참여하는 모든 의사의 정보를 제공하고 의사 교체 시 환자의 동의를 받도록 변경되었지만 표준약관은 말 그대로 표준일 뿐 강제사항은 아니다.

세계 최초로 수술실 CCTV 설치가 의무화되었다고 의료계에서는 울상이지만 우리나라 법은 아직도 유령 대리 수술을 막아내기에는 턱없이 부족하다. 수술실 CCTV가 설치되면 유령 대리 수술을 막아낼 수 있을까? 아쉽게도 그럴 가능성은 그리 커 보이지 않는다. 2021년 9월 국회를 통과하고 2023년 9월 시행을 앞두고 있는 수술실 CCTV 설치 법안도 '국소마취 수술은 전면 제외'되는 반쪽짜리 법이기에 그렇다.[27] 그것보다 더 중요한 건 비의료진이 수술실에서 환자의 몸에 칼을 써도 상해죄로 처벌시키지 않는 검찰의 태도에 있다고 나는 생각한다.

조직폭력배만 엄벌에 처할 것이 아니다. 수익 극대화를 위해 공장식으로 수술실을 운영하며 동의받지 않은 의사, 더 나아가 비의료진에게 수술 도구를 주고 환자의 신체를 훼손하는 유령 대리 수술은 끔찍한 범죄다. 이에 가담하는 자들은 그저 파렴치한 사기범이 아니다. 그들을 폭행, 상해 등 범죄를 목적으로 단체를 조직한 범죄단체조직죄로 엄격하게 다스려야 하는 것이 아닐까?

폭력행위 등 처벌에 관한 법률 제4조(단체 등의 구성·활동)는 폭행, 상해 등 범죄를 목적으로 하는 단체 또는 집단을 구성하거나 그러한 단체 또는 집단에 가입하거나 그 구성원으로 활동한 사람은 다음 각 호의 구분에 따라 처벌한다고 규정하고 있다.

1. 수괴(首魁) : 사형, 무기 또는 10년 이상의 징역
2. 간부 : 무기 또는 7년 이상의 징역
3. 수괴·간부 외의 사람 : 2년 이상의 유기징역

지적장애인 노동력 착취 사건들 :
가해자에게 면죄부를 주는 검찰

"저기 저 농로도 지난여름에야 동네 사람들이 **울력**을 해서 낸
거란다."[28]

"아내 분통이도 아기의 두이레가 지나자 모 **품앗이**를 다녔다."[29]

일손이 모자라 서로 돕고 협력하는 것을 의미하는 '울력'과 '품
앗이'라는 단어는 과거 농촌을 배경으로 한 단편소설에서 종종 볼
수 있다. 서로 돕고 협력하기보다 각자 스스로 제 살길을 찾아가는
것에 더 익숙해져버린 현대사회에서 이 단어는 우리의 기억 한편에
자리 잡고 있는 푸근하고 따뜻한 마음을 떠올리며 미소 짓게 한다.
그런데 최근 이 단어가 어울리지 않는 곳에서 잇따라 튀어나와 우
리의 얼굴을 찌푸리게 하고 있다.

울력, 장애인 학대 가해자에 대한 면죄부?

2019년 여름, 50대 지적장애인이 서울 노원구에 있는 사찰에서 무려 32년 동안 청소, 잡일 등 노동력 착취를 당했다. 조사 결과 누구보다 앞장서 장애인을 보호했어야 할 주지스님이 지적장애인을 상습적으로 폭행하고 명의까지 도용하여 시세 차익을 노린 부동산 투기를 한 정황이 포착되었다. 2014년 신안군 염전 노예 사건 이후 계속 발견되는 장애인 노동력 착취 사건에 대해, 발견 장소에 따라 '축사 노예 사건', '타이어 노예 사건' 등의 이름을 붙인 시민들은 종교기관인 사찰에서 일어난 이 사건에 대해 '사찰 노예 사건'이라고 명명하며 분노했다(2장 세 번째 글에서 언급했던 '사찰 노예 사건'이다).

검찰은 2018년 피해 장애인의 피해 사실을 확인하고도 가해자가 저지른 12건의 폭행에 대해서만 폭행죄로 기소했다. 정식기소도 아닌 벌금 500만 원으로 처벌해달라는 약식기소였다. 법원은 검찰의 의견대로 벌금 500만 원의 약식명령을 선고했다. 32년간의 인권침해가 단지 벌금 500만 원의 솜방망이 처벌로 덮어질 뻔했다는 사실은 학대 행위자의 행위만큼 우리를 분노하게 한다. 이후 시민단체는 전면적 재수사를 요청했지만 2020년 2월 관할 경찰서인 노원경찰서는 노동력 착취에 대해서는 처벌할 수 없다는 결정을 재차 내렸다. 그 결정에 대해 담당 수사관은 이런 말을 남겼다.

"피해자는 노동력 착취라고 주장하지만 절에서는 집안일을 하는 것처럼 스님들이 힘을 합쳐 잡일을 하는 '울력'이라는 문화가 있기에 처벌할 수 없다."

다행히 서울북부지방검찰청은 2020년 8월 '울력'이라는 경찰의 불기소 의견을 뒤집고 주지스님의 노동력 착취 혐의에 대해서 장애인 차별금지법 위반으로 기소하여 정식 재판에 넘겼고, 2022년 6월 8일 징역 1년이 선고되었다. 그러나 최초 수사기관에서 다른 혐의는 덮고 폭행죄로만 기소한 사실, 전면적 재수사 요청에도 '울력'이라는 학대 행위자의 주장을 그대로 받아들인 점은 우리가 그냥 지나쳐서는 안 될 대목이다. 뒤늦은 검찰의 공소 제기도 높이 평가할 수 없다. 그 이유는 2장에서 언급했던 것처럼 검찰수사심의위원회 소집 요청, 언론 보도 등 시민단체의 항의와 언론의 질타가 이어진 이후에서야 진행된 늑장 기소였기 때문이다.

품앗이, 성폭행 가해자와 피해자가 서로 돕고 협력하는 사이?

전남의 한 섬에서 17년 동안 지적장애인이 이웃 주민으로부터 성폭력과 노동력 착취를 당한 사건도 2019년 세상에 알려져 공분을 샀다. 시민들은 가해자에 대한 철저한 수사와 엄격한 처벌을 수사 기관에 요청했지만 검찰은 가해자의 성폭력 혐의에 대해서만 재판에 넘겼고, 노동력 착취에 대해서는 "품앗이 개념으로 가내 농사일을 도 와준 것에 불과하다"는 이유로 가해자에게 면죄부를 주었다.

가해자는 모든 혐의를 부정했지만, 피해 여성 장애인이 지적장 애가 심하고 경제적, 심리적으로 가해 남성에게 종속되어 있었다는 사실이 확인되어 성폭력 혐의에 대해 재판에 넘겨진 것이다. 그렇 다면 노동력 착취도 당연히 처벌되어야 하지 않을까? 이 사건을 수 사한 수사기관은 성폭력 혐의와는 달리 노동력 착취에 대해서는 가 해자의 '품앗이' 주장을 그대로 받아들였다. 그 결과 "성폭력 가해 자와 피해자가 서로 돕고 협력하는 품앗이로 농사일을 했다"는 아 주 기괴한 결정이 탄생했다. 그런데도 이런 기괴한 결정이 대검찰 청까지 이르는 불복 절차에서도 바로잡히지 않았다는 사실은 우리 를 소름 끼치게 한다.

지적장애인은 가해자 처벌 의사도 밝힐 수 없다?

세상을 놀라게 한 사건은 2018년 또 있었다. 바로 잠실야구장 사건이다. 피해자는 서울 잠실야구장 쓰레기 적환장에서 2006년부 터 약 12년 동안 고물상 업주로부터 노동력 착취를 당했다. 잠실야구장 쓰레기 적환장에서 의식주를 모두 해결하였으며, 주로 쓰레기 분리수거를 하거나 리어카를 끌고 나가 주변 파지를 모으는 일을 했다. 잠자는 시간을 제외하고 상시적으로 진행된 하루 노동시간은 10시간을 훌쩍 넘겼다. 야구 경기가 열릴 때면 저녁 7시부터 이튿날 오전 7시까지 쓰레기 분리수거 일을 하고 오전에야 잠을 잤다. 고물상 업주는 피해자에게 합당한 임금을 지급하지 않았다.

그런데 우리의 마음을 더 아프게 한 건 피해자가 서울 잠실야구장 쓰레기 적환장에서 일한 12년간 피해자의 가족인 친형으로부터 경제적 착취를 당했다는 점이다. 가해자는 피해자의 통장, 체크카드 등을 소지한 채 피해자 앞으로 지급된 기초생활수급비, 장애수당 및 고물상 업주가 지급하는 극히 소액인 임금까지 모두 가로챘다. 수사기관 조사를 통해 밝혀진 금액만 약 7천만 원에 이른다.

친형이 모든 금원을 가로챈 탓에 피해자는 2018년 3월 8일 서울특별시 장애인권익옹호기관을 통해 구조될 당시 수중에 단돈 700원뿐이었다. 구조 당시 그는 위생 상태가 좋지 않고 계절과 관계없는 단벌의 옷을 입고 있었다. 식사는 냉장고에 보관되어 있는 밥 덩어리와 김치 혹은 관객이 버리고 간 곰팡이 핀 빵 등을 통해 해결해오고 있었다. 그럼에도 불구하고 가해자인 친형은 어쩌다 한두 번 피해자를 찾아왔을 뿐이다. 그는 일을 그만두고 싶다는 지적장애인 친동생에게 "오래오래 일하라"라고 말했다고 한다.

검찰은 고물상 업주는 근로기준법 위반, 장애인복지법 위반으로 기소했지만 친형에 대한 공소 제기는 하지 않았다. 검찰은 지적장애인 친동생의 기초생활수급비, 장애수당, 최저임금에 미달한 임금 등 모든 금전을 착복한 가해자(친형)에 대하여, ① 피해자를 보호할 의지가 있었다, ② 처벌이 이루어질 경우 유일한 혈연관계가 끊어질 수 있다, ③ 노후 자금을 마련해주기 위한 행위였다는 점 등을 고려하여 불기소처분을 하였다. 피해자를 보호하였다는 가해자들의 그 지긋지긋하고도 전형적인 변명을 받아들인 것이다.

더욱 황당한 것은 피해자가 고소한 사건임에도 검찰은 지적장애를 이유로 들어 피해자가 고소할 능력(의사능력)을 인정하지 않았고, 형사소송법 제258조에 의거한 고소인(피해자) 결과 통보까지 해주지 않은 것이다. 담당 검사가 피해자를 단 한 차례도 만나지 않았으면서 말이다. 피해자가 지적장애인이라 하더라도 의사능력 자체를 부정당하는 것은 과연 타당할까? 단 한 차례도 만나지 않은 채 그저 심리평가 보고서라는 서류에 적혀 있는 피해자의 지적능력 수치만으로 한 사람의 인격 자체를 부정하는 검사의 태도에 분노를 금할 수 없다. 시민단체는 지적장애인을 한 번도 만나보지 않고 패싱한 검사를 상대로 국가인권위원회에 진정을 제기하기까지 했다.

국가배상 책임을 지고도 달라지지 않는 수사기관

2014년 신안군 염전 노예 사건에서 시민들은 이런 질문을 던졌다.

"수십 명의 지적장애인들이 10년 이상 노동력 착취를 당했는데,
경찰, 근로감독관, 사회복지 공무원은 어떻게 몰랐단 말인가?"

그 질문으로 시작한 국가배상 소송에서 충격적인 사실이 드러
났다. 학대 현장에서 가까스로 탈출하여 구조를 요청한 장애인을
다시 학대 가해자에게 돌려보낸 경찰공무원, 피해 장애인을 학대
가해자 옆에 앉혀두고 피해 사실을 진술하게 하여 2차 피해를 입게
한 노동청 근로감독관, 노동력 착취가 확인되었지만 단순 임금 체
불 사건으로 보고 가해자를 벌금형 처벌로 넘긴 검사, 지역 주민들
의 신고로 현장에 나와 피해 장애인을 확인하고 장애인 등록을 시
켰지만 그대로 학대 현장에 방치한 사회복지 공무원 등 제대로 작
동되지 않은 국가시스템의 행태가 낱낱이 밝혀졌다.

국가배상에서 승소를 한 피해자는 총 4명이지만, 그중에서도 완
도군 고금면 염전에서 약 11년 동안 착취를 당했던 피해자 김동식
씨에 대한 검찰의 사건 처리 과정을 보면 관련 수사와 기소가 얼마
나 부실했는지를 확인할 수 있다. 가해자의 범죄 사실을 알아차리
지 못하고 수렁에 빠진 피해자를 구출하지 못한 '공익의 대표자' 검

찰의 무능과 부실함에 더 분노하게 된다.

(가) 1차 수사 결과 : 내사종결

2011. 6. 17.자 전남완도경찰서 '수사 첩보 보고서'에 의거할 때 경찰은 염전 등 인권침해 행위 근절을 위한 고용주 등 면담 실시 결과 피해자가 5년째 임금을 받지 못한 상황을 파악한 것이 확인되었다. 그 이후 2011. 6. 22. 전남완도경찰서에서 1차 조사(피해자 및 가해자 진술조서)가 이루어졌고, 준사기로 수사가 진행되었다는 것이 2011. 6. 27.자 전남완도경찰서 수사 보고(준사기 관련)에서 확인되나, 이 사건은 2011. 6. 29. 전남완도경찰서에서 목포고용노동지청으로 인계된 것이 확인된다.

2011. 7. 19. 목포고용노동지청 조사(가해자 및 피해자 진술조서)가 이루어졌으나, 피해자와 가해자가 분리되어 조사를 받아야 한다는 수사의 기본 원칙도 준수되지 않은 상태에서 진행되었고, 목포고용노동지청 근로감독관은 "근로계약이 체결되었다고 볼 수 없고 피해자가 임금을 목적으로 사용자에게 근로를 제공한 근로기준법상의 근로자로 의율할 수 없다"고 판단하여 내사종결 의견으로 2011. 7. 25. 수사지휘 건의를 한 것으로 확인된다.

만약 검찰 등 수사기관이 제대로 수사를 진행했다면 피해자의 노동력 착취 피해는 2011년에 종식될 수 있었을 것이다. 그러나 수

사기관의 부실수사로 인해 피해자는 약 3년 동안 노동력 착취를 더 당해야 했다.

(나) 2차 수사 결과 : 약식기소

2014. 4. 8.자 전남장애인인권센터 '염전 피해자 수사 이의 제기'라는 제목의 공문에서 2011년 내사종결된 이유로 수사를 종결하려는 완도경찰서의 태도에 대한 문제 제기가 있었던 것을 확인할 수 있다. 완도경찰서는 전남장애인인권센터의 이의 제기 후 2014. 4. 14.자 '염전 근로자 임금 착취 동향 통보'라는 공문을 통해 목포고용노동지청으로 사건을 인계하였고, 목포고용노동지청에서 2014. 5. 2.자 범죄인지 보고서를 통해 본격적인 수사를 진행하였다. 이후 피의자의 자백, 피해 장애인의 진술 등을 근거로 59,106,290원의 임금을 미지급한 것에 대해 불구속 기소 의견으로 사건을 송치하였다.

2014. 6. 3. 사건을 송치받은 광주지방검찰청 해남지청은 2014. 9. 3. 벌금 500만 원으로 약식기소하였고(광주지방검찰청 해남지청 2014형제2241호), 광주지방법원 해남지원은 2014. 11. 14. 위 구형대로 약식명령을 선고(광주지방법원 해남지원 2014고약1274)하였다. 이후 가해자의 정식 재판 청구가 있었으나 벌금은 그대로 확정되었다(광주지방법원 해남지원 2014고정131).

결국 2차 수사 결과 2009년 3월 1일부터 2014년 3월 4일까지

임금 59,106,290원(최저임금 기준) 미지급으로 약식기소 및 약식명령, 피고인 정식 재판 청구 후 벌금 500만 원 선고로 사건은 종결되었다.

2014년 2월 신안군 염전 노예 사건이 세상에 알려진 후, 대대적인 단속으로 이 사건이 발각된 상황에서도 이 사안이 그저 단순 임금 체불 사건으로, 벌금형 처벌로 덮여졌다는 사실이 우리의 마음을 무겁게 한다. 이런 어처구니없는 검찰의 부실기소가 이 사건에만 그러했을까? 얼마나 많은 사건에서 실체적 진실이 발견되지 않고 그저 덮여졌을지를 생각하면 깊은 한숨이 나온다.

(3) 3차 수사 결과 : 구속 기소

2015년 1월경 사단법인 장애우권익문제연구소가 이 사건을 다시 고발하였고 노동력 착취 목적 약취유인죄(형법 제288조 제2항), 근로기준법 위반(제7조 강제근로의 금지, 제8조 폭행의 금지), 사문서위조 및 행사죄, 장애인 차별금지법 위반(제49조 제1항, 제32조 제1항 및 제4항), 장애인복지법 위반(제87조 제1항, 제8조 제2항) 등의 혐의로 철저히 수사해줄 것을 촉구하였다. 그러나 광주지방검찰청 해남지청은 '2015. 7. 13.자 불기소 결정서'를 통해 장애인복지법 위반은 기소유예 처분, 나머지 부분은 불기소처분(혐의 없음)을 내렸다. 피의 사실은 인정되나 피의자가 범행을 자백하고 반성하고 있으며 피의자가 이미 근로기준법 위반으로 벌금 500만 원을 선고받았기에 장애인복지법 위반에 대해 기소유예 처분을 내린 것이다. 이와 관련하여 (사)장애우권익문제연구소 등 장애인권단체가 반발하였다.

고발인 측의 항고에 검찰도 자체 재기해 추가 수사를 진행하였다 (광주지방검찰청 해남지청 2015지불항 제31호). 추가 수사를 통해 검찰은 2016. 6. 20. 가해자를 준사기, 장애인복지법 위반, 근로기준법 위반(강제근로 금지), 폭행죄 등으로 구속 기소하였다. 2016. 12. 8. 제1심 법원이 징역 2년의 실형을 선고한 후(광주지방법원 해남지원 2016고단222) 쌍방 항소하였고, 일부 피해변제가 이루어진 항소심에서 2017. 4. 25. 징역 1년 2월로 감형되었다(광주지방법원 2017노29).

똑같은 사안인데 세 차례 수사 결과가 이렇게 다를 수 있을까? 수사도, 기소도, 그리고 재판도 다 사람이 하는 일이라고는 하지만 검찰의 들쭉날쭉 사건 처리 결과를 보는 시민들은 우리나라 형사 사법 체계를 어떻게 신뢰할 수 있다는 말인가? 뒤늦게 가해자가 처벌되는 정의가 구현되었다는 사실에도 그저 만족할 수 없는 이유다.

우리는 국가배상 소송에서 승소를 해 국가가 책임을 지면 세상이 바뀔 것이라는 기대를 가졌었다. 그러나 수사기관은 국가배상 소송에서 패소 이후 피해 장애인에 대한 그 어떤 사과도 없었고, 아무런 재발 방지 대책도 내놓지 않았다. 오히려 '울력과 품앗이'라는 가해자의 어처구니없는 주장을 그대로 받아들이는 실망스러운 모습만 보여주고 있다. 국가배상법은 공무원이 직무를 집행하면서 고의 또는 과실로 법령을 위반하여 타인에게 손해를 입혔을 때는 그 손해를 배상하여야 한다고 규정하고 있다. 국가의 책임이 그저 금전배상으로 끝나는 게 타당한가? 수사가 단순히 부실했던 것이 아니라 위법했다는 점이 국가배상 소송을 통해 확인된 후에도 국가기관 그 어디에서도 김동식 씨에게 사과 한마디 하지 않았다. 국가는 공무원의 잘못에 대해 국민이 낸 세금으로 생색낼 게 아니라, 피해자에게 진정으로 사과하고 재발 방지 대책을 마련하는 것이 자신의 책임을 다하는 게 아닐까?

울력과 품앗이 프로젝트 :
UN에서는 환대, 검찰에서는 문전 박대?

어렵게 받아낸 국가배상 승소 판결문의 의미가 퇴색되어 가는 걸 보다 못한 국가배상 소송 소송대리인단이 2020년 4월 다시 뭉쳤다. 프로젝트 이름도 '울력과 품앗이'로 정했다.[30] 공익변호사 13명과 장애인권 활동가 2명은 8개월 동안 장애인 노동력 착취 사건 10개를 심층 분석했고, 그 과정에서 확인한 문제점 및 개선 방안을 담아냈다. 우리는 이 프로젝트 결과를 UN장애인권리위원회에도 알렸다.[31]

참고로 2008년 12월 국회비준 동의를 거쳐 2009년 1월에 국내

법과 동일한 효력을 가지게 된 UN장애인권리협약 제27조 '근로와 고용' 제2항에는 다음과 같은 규정이 있다.

'당사국은 장애인이 노예 상태 또는 강제노역에 처하지 아니하고, 다른 사람과 동등하게 강요되거나 강제된 노동으로부터 보호되도록 보장한다.'

그러나 대한민국에서는 위 조항이 제대로 지켜지지 못하고 있는 현실이다. 왜일까? 가해자의 항변, 즉 "이웃과 협력하는 한국 전통문화인 울력과 품앗이었다"는 비상식적인 항변을 검찰이 그대로 받아들여주기 때문이다. 우리는 이 사실을 '울력과 품앗이' 프로젝트를 통해 전 세계에 알렸다.

이 발표를 듣고, 국제노동기구(International Labor Organization, ILO)에서 장애인 고용정책을 담당하는 스테판 트로멜(Stefan Tromel)은 한국 사례가 강제노동으로부터의 보호조항에 특별한 참고가 될 만하다며 감사의 뜻을 표시하기도 했다.

UN에서 환영받은 이 프로젝트 결과물, 그러나 대한민국 검찰에는 환영받지 못하고 사실상 문전 박대당했다. 먼저 프로젝트 결과물을 발표하는 보고회가 2021년 2월 2일 국회에서 열렸다. 법제사법위원회 위원장을 비롯한 여러 국회의원들, 대한변호사협회, 시민단체 공동주최로 진행되었다. 보고회를 공동으로 주최했던 법제사법위원회 위원장실은 관련 사건의 수사와 공소 제기를 담당하는 검찰이 프로젝트 결과를 엄중히 받아들여야 한다는 판단하에 대검찰청에게 보고회에 참석할 것을 요청했다. 그러나 대검찰청은 내부적인 사정을 이유로 그 요청을 거절했다고 한다.

한편 시민단체는 장애인 학대 수사를 담당하는 분들이 이 프로젝트를 열람할 수 있도록 적극적인 협력을 요청드린다는 취지의 공문을 대검찰청에 보냈는데, 대검찰청은 일개 시민단체가 보낸 보고서를 일선에 공유해줄 수 없다며 공문 접수를 끝끝내 거부했다. 잘못된 수사에 대한 반성은커녕 개선해달라는 요청까지 묵살하는 이런 태도를 보며 과연 장애인 수사를 검찰에 맡겨두는 것이 맞는지 심각한 의문이 든다.

대한민국은 인신매매범을 어떻게 처벌할까?

2021년 미국 하버드대학교 램지어 교수가 발표한 논문이 논란이 되었다. 공개된 논문 초록에는 위안소라고 불리는 전시 매춘시설 운영이 매춘 업소와 매춘 여성 사이에 맺은 계약을 통해 이뤄졌다는 문구가 담겼다. 일본군 위안부는 자발적 매춘부일 뿐 인신매매 피해자가 아니라는 일본 극우 세력의 주장을 그대로 받아들여 쓴 논문에 국제사회는 분노했다. 램지어 교수의 논문은 당시 '계약서'가 작성되었다는 것도 입증하지 못했다. 하지만 비단 그것만으로 램지어 교수의 논문이 문제가 되는 것이 아니다. 설사 그런 계약서가 존재한다고 하더라도 당시 일본이 성 착취를 목적으로 협박이나 무력을 동원해 여성들을 끌고 간 것은 인신매매에 해당하기 때문이다. 인신매매 범죄와 자발적 성매매는 함께할 수 없는 개념이다.

2000년 11월 이탈리아 팔레르모에서 UN총회가 열렸다. 이 때 "인신매매, 특히 여성 및 아동의 인신매매 예방·억제·처벌을 위한 의정서"라 불리는 UN인신매매방지 의정서가 세계 159개국의 동의로 채택됐다. 그리고 이 의정서에는 다음과 같은 내용이 담겨있다.

"의도된 착취 문제를 다룰 때 인신매매 피해자가 동의했는지 여부는 문제가 되지 않는다."

우리는 보통 '인신매매'라고 하면 납치, 물리적 폭력, 감금과 같은 무시무시한 상황을 떠올린다. 하지만 사기, 기만 등 달콤한 말로 사람을 속여 동의를 받는 경우에도 인신매매는 성립된다. 램지어 교수의 논문은 '엉터리 연구', '역사 왜곡'의 문제가 있을 뿐 아니라, 전 세계가 합의한 '인신매매'의 개념을 후퇴시키고 있는 것이다.

램지어 교수 논문의 문제를 '일본의 역사 왜곡'이라는 관점에서 '인신매매와 관련된 인권의 후퇴'라는 관점으로 전환해 생각한다면 동시에 우리는 우리 스스로를 되돌아봐야 한다. '인신매매 피해국', 대한민국은 스스로 인신매매범을 어떻게 다루고 있는가. 역설적이게도 대한민국에는 인신매매범을 제대로 처벌할 규정이 없다.

"어떤 일인지 제대로 설명 안 했다. 손님과 같이 앉아 있는 것도, 성매매를 시키는 것도 이야기 안 했다. 필리핀에서 처음 일을 제안할 때는 그냥 가수로 일하라고 했다. 하지만 한국에 와서 보니 모두 다 거짓말이었다."

예술흥행비자(E-6)로 한국에 입국한 필리핀 출신 여성 이주 노동자의 말이다. 한국에 가면 돈을 많이 벌 수 있다는 거짓말로 외국인을 한국에 들였다. UN인신매매방지 의정서상 엄연한 인신매매다. 하지만 이런 가해자들 대부분 인신매매로 처벌받지 않는다.

2013년부터 현재까지 성매매 인신매매로 처벌 확정된 사건은 겨우 2건에 불과하다. 인신매매는 대한민국에서 아주 제한적으로만 적용된다. '피해자가 계속된 협박이나 폭행의 위협 등으로 법질서에 보호를 호소하기를 단념할 정도의 상태'를 '엄격하게 입증'해야만 인신매매로 처벌할 수 있다. 가해자에게는 고작 행정법규 위반인 출입국관리법위반죄만이 적용된다.

"부모가 맡겨놓고 간 장애인을 지금까지 먹여주고, 입혀주고, 재워줬는데, 내가 왜 처벌받아야 합니까?"

피해자가 내국인이라고 다를까. 2014년 신안군 염전 노예 사건을 시작으로 속속 밝혀지는 지적장애인 노동력 착취 사건에서 항상 듣는 가해자들의 항변이다. 부모로부터 가해자의 손에 맡겨진 지적장애인들은 가해자들이 별다른 폭행이나 협박을 하지 않아도 가해자가 시키는 일을 거절하지 못했다. 이렇게 맡겨진 지적장애인들을 노예처럼 부리는 것 역시 UN인신매매방지 의정서상 인신매매다. 그러나 가해자는 역시 인신매매로 처벌받지 않는다.

월급 한 푼 받지 못한 채 수십 년 동안 죽어라 일하는 것을 보다 못한 이웃들이 신고하고서야 비로소 세상에 알려지는 이 사건들에서 가해자들에게 적용되는 죄명은 근로기준법 위반, 임금 체불뿐이다. 학대 기간과 상관없이 10년 치 최저임금만 피해자에게 주면 대부분 집행유예를 선고받고 풀려난다.

2022년 7월 19일 미국 국무부가 발표한 '2022년 인신매매 보고서'에서 우리나라를 1등급에서 2등급으로 강등했다는 소식이 들렸다. 미국은 2001년부터 1년 단위로 인신매매 근절을 위한 전 세계 국가별 활동을 조사하여 '인신매매 관련 입법 준수상황'에 대한 국가별 활동을 고려하여 국가 등급을 총 3등급으로 매긴다. 우리나라는 2002년부터 2021년까지 1등급(인신매매 관련 입법 기준을 전적으로 준수하는 국가)을 유지해왔는데, 이번에 2등급(관련 법규를 완전히 준수하지는 못하지만 납득할 만한 노력을 기울이는 국가)으로 강등된 것이다.

인신매매 보고서에는 "인신매매범들이 신체적 또는 지적장애가 있는 사람들에게 어선과 양식장, 염전, 가축농장에서 일하도록 강요한다"는 내용이 한국 인신매매 사례로 기술되었고, 인신매매자에 대한 수사, 기소, 유죄판결을 위한 노력 확대(특히 노동 착취 목적의 인신매매)를 우선 권고사항 14개 항목 중 하나로 담았다. 노동력 착취 등 인신매매 범죄에 대한 수사, 기소, 유죄판결을 위한 노력은 미흡하다는 평가를 받고 있는 것을 검찰도 부정할 수는 없을 것이다.

사회적 약자를 위한
새로운 수사기관은 탄생할 수 없을까?

장애인 학대 사건, 이주 여성 성 착취 사건 등 인신매매 범죄에만 국한된 문제일까? '정인이 사건'을 통해 폭로된 아동 학대에 대해 기존 수사기관이 보여준 태도 또한 실망스럽다. 그동안의 잘못된 관행을 개선하는 것을 넘어서 아동, 장애인 등 사회적 약자에 대한 새로운 수사기관의 탄생을 상상해보는 건 어떨까? 시민들의 삶과 직접적인 관련이 없는 고위공직자범죄수사처가 신설되었다면, 사회적 약자에 대한 학대 범죄를 전문적으로 수사할 수사처 설립도 추진해볼 필요가 있지 않을까?

임금 체불 사건 :
국가의 잘못된 시스템, 그 핵심에 있는 검찰

명절이 되면 이런 뉴스 보도가 단골 메뉴처럼 나온다.

"추석 다가오지만… 체불임금에 우는 근로자들."
"고용노동부, 추석 대비 임금 체불 방지 대책 추진."

2021년에도 어김없이 추석을 앞두고 고용노동부는 보도자료를 냈다. 2022년 1월 설 명절을 앞두고 낸 보도자료도 앞선 추석 보도 자료와 판박이다.

고용노동부, 임금 체불 집중 지도 기간 및 체불 청산 기동반 운영
▲ 추석을 앞두고 임금 체불 예방·청산에 주력
▲ 자치단체와 협조하여 불법 하도급 건설현장의 임금 체불 집중 관리

▲ 생계안정을 위해 추석 전에 체당금 지급, 노동자 생계비 융자 금
리 인하

고용노동부, 설 대비 임금 체불 예방·청산 집중 지도
▲ 집중 지도 기간 운영(1.10.~1.30.) 및 근로감독관 비상근무 실시
▲ 공공기관 및 건설현장의 체불 예방 집중 지도
▲ 생계안정을 위해 설 전에 대지급금 지급, 노동자 생계비 융자 금
리 인하

고용노동부의 보도자료에 담긴 판박이 대책을 비웃기라도 하
듯 임금 체불 문제는 해결은커녕 더 심각해지고 있다. 코로나19로
인해 임금 체불 노동자가 늘어 2020년 기준 임금 체불 신고 건수
는 19만 6천547건, 피해 노동자 수는 29만 4천312명, 체불 금액은
1조 5천830억 원에 달한다. 사상 최대 금액이다. 코로나19의 영향
도 어느 정도 있었겠지만 사실 임금 체불 문제는 어제오늘 일이 아
니다. 고용노동부가 발표한 자료를 보면 2016년부터 임금 체불로
신고된 금액이 이미 1조 원을 훌쩍 넘었다. 신고되지 못한 건까지
합친다면 정말 '임금 체불 공화국'이라고 할 정도로 심각하다.

2년 전 배우 곽민석 씨가 웹드라마의 제작사로부터 배우와 스태프가 당한 임금 체불 피해 사례를 10분짜리 미니 다큐로 제작해 올려 화제가 되었다.[32] 동영상을 제작한 이유에 대해 곽민석 씨는 한 언론사와의 인터뷰에서 이렇게 말했다.[33]

"그 당시 제작 PD는 대학을 졸업한 사회 초년생이었고 음향, 분장팀 등은 팀원들에게 선지급을 해주며 빚을 떠안고 있는 상황이었죠. 잘못된 시스템에 고통받는 사람들을 위로하고 최대한 알리고 싶었어요."

곽민석 씨는 미니 다큐 제작 이유에 대해 왜 제작사의 잘못이 아닌 "잘못된 시스템"을 언급한 것일까? 그건 임금 체불을 위해 만들어놓았다는 국가 시스템이 임금 체불을 해결해주지 못하기 때문일 것이다. 그 잘못된 시스템의 핵심에 검찰이 있다.

임금 체불 사건에서 작동되는 국가 시스템

신출내기 변호사 시절이었다. 공익 법무관을 마치고 2006년 4월 대한법률구조공단 안산출장소에서 일하기 시작했는데 안산출장소에서 나를 기다리는 건 임금 체불 사건으로, 노동자들이 노동의 대가인 임금을 제대로 지급받지 못하여 제기하는 민사소송이었다. 대한법률구조공단은 2005년 7월 1일부터 노동부(지금의 고용노동부)와 협약을 체결하여 체불 근로자들에 대한 무료 법률구조를 시작하였고, 안산출장소는 영세한 업체들이 모여 있는 시화공단, 반월공단을 관할하고 있기에 이미 임금 체불 사건이 전체 업무의 절반을 넘어서고 있는 상황이었다.

노동법은 사법고시 준비 때에도, 사법연수원 시절에도 필수 과목이 아닌 선택 과목이어서 심도 있게 공부를 하지 못한 과목이었기에, 당시 안산출장소의 상황이 내게는 매우 당황스러웠다. 하지만 일이라는 것이 다 그런 것처럼 3년간 임금 체불 사건을 반복적으로 처리하다 보니 제법 전문가가 되었다. 물론 어렵게 소송에서 승소한다고 해도 그것이 근로자들의 손에 밀린 임금을 쥐어주는 것은 아니었기에 마음이 무거울 때가 많았다.

임금 체불 사건을 의뢰한 근로자에게 승소 판결이 나왔다는 이야기를 전화로 통지해주면 "언제 저의 은행 계좌에 체불임금이 입금됩니까?" 하고 물어보는 분들이 많다. 이에 승소 판결을 받았어도 상대방 집행재산을 찾아 집행을 해야 임금을 손에 쥘 수 있다고 말씀드리면 대부분 "그게 무슨 소리냐?"는 반응이다.

노동자들은 승소 판결과 체불임금 받는 것을 같은 개념으로 받아들인다. 어쩌면 그게 평범한 시민들의 상식일 것이다. 하지만 우리나라 제도상 노동자가 사업주를 상대로 체불임금을 지급해달라는 소송에서 승소하였다는 것이 반드시 체불임금을 받을 수 있음을 100% 담보해주지는 못한다. 승소 확정판결은 사업주의 집행재산에 강제집행을 할 수 있다는 의미만을 가진다.

그런데 실제로 자신의 명의로 된 재산이 전혀 없는 사업주가 많다. 심지어 통장도 자신의 명의로 개설하지 않는 경우까지 있다. 사업자가 자신의 재산을 다른 사람 명의로 해둔 경우 이를 사업주의 집행재산으로 인정받기 어렵다. 결국 집행재산이 없는 사업주를 위해 열심히 일한 노동자가 사업주를 상대로 승소 판결문을 받을 수는 있겠지만, 실질적으로는 돈을 한 푼도 받지 못할 위험에 놓여 있는 것이다. 빛나는 승소 판결문이 빛바랜 판결문으로 변질되는 순간이다. 못 받은 임금 대신 쓸모없는 판결문만 건네줄 때 마음이 참으로 무거웠다.

안산출장소 3년 근무 이후 대한법률구조공단 서울중앙지부로 자리를 옮겼다. 그곳에서는 2년 넘게 개인회생·파산지원센터의 센터장으로 근무했는데, 그때 임금 체불 문제를 더 심각하게 받아들이게 되었다. 감당할 수 없는 채무로 개인회생·파산지원센터를 찾는 이들의 대부분이 '임금 체불'을 시작으로 빚을 지게 됐기 때문이다. 봉급생활자에게 임금은 생명줄이다. 임금을 못 받게 되면 대출을 받아야 하고, 제도권 금융 대출이 막히면 상상할 수 없는 고금리 사채를 써야 하는 깊은 수렁에 빠져들게 된다.

사적 책임 원칙? VS.
정부의 적극적 개입 필요?

2010년 7월 국민권익위원회 복지노동 민원과에서 주최하는 비공개 간담회에 참여한 적이 있다. '임금채권 실효성 확보를 위한 제도 개선'을 위해 모인 자리였다. 국책연구원인 한국노동연구원과 국민권익위원회에서 발제를 맡았고, 관련 기관 및 단체로는 노동부, 중소기업중앙회, 한국경영자총협회, 양대노총, 대한법률구조공단이, 관련 전문가로는 법대 교수 2명이 토론자로 참여했다.

오후 3시부터 오후 5시까지 약 2시간 동안 진행되는 간담회 자리. 사용자 단체와 노동자 단체가 마주 앉아 있다 보니 팽팽한 긴장감이 느껴졌다. 특히 국책연구원에서 마련한 개선 방안 세 가지를 놓고 벌이는 토론에서는 사용자단체와 노동자단체의 견해가 정면으로 맞섰다. 사용자단체는 "근로계약은 노사 간의 사적 계약이니 사적 책임 원칙을 우선하고 임금 체불 상황에도 정부의 개입을 최소화해야 한다"는 입장을 고수했고, 노동자단체는 "임금 체불 문제는 더 이상 노사관계에 맡겨두어서는 안 된다. 정부의 적극적인 개입을 요청한다"는 입장이었다.

	개선 방안 1	개선 방안 2	개선 방안 3
제도 운영 원리	사업주의 임금채무를 사적 근로계약으로 인한 단순한 채무 이상으로 간주하여 정부가 적극적으로 개입	사적 계약의 사적 책임을 우선하되, 임금채무를 장기적으로도 변제할 수 없을 정도로 재무 상황이 심각하다고 판단되는 사업체는 회생 절차에 들게 하는 방식으로 정부 개입	사적 계약의 사적 책임 원칙을 우선하고 사업 가동에 관해서는 정부의 어떤 개입도 배제

임금채권 보호제도 개선 방안
(한국노동연구원 노동시장정책연구 본부장 허재준, 2010. 7. 9. 간담회 발제자료 중)

나는 이 간담회 자리에서 제도 개선에 대한 어느 정도의 진전된 논의가 이루어질 것을 기대했다. 그런데 임금 체불 피해 노동자의 어려운 상황에 대한 제대로 된 이해 없이 그저 사적 책임 원칙만 운운하는 사용자단체와 법대 교수의 이야기를 듣고 있자니 마음이 착잡했다. 승소 판결을 받고도 임금을 받지 못하고 뒤돌아 가던 노동자들의 쓸쓸한 뒷모습이 떠오를 때, 마침 나에게도 발언권이 주어졌다. 나는 울컥하는 마음으로 이렇게 내 발언을 시작했다.

"양대노총 담당자가 이 자리에 나왔지만, 임금 체불 피해자가 직접 이 간담회에 나와 이야기를 했으면 더 좋지 않았을까 하는 생각이 듭니다. 저를 포함하여 여기 간담회에 모인 분들 중 심각한 임금 체불을 경험한 사람은 아무도 없을 테니까요."

뒤이어 임금 체불 피해자 법률구조 현장에서 경험한 이야기들을 속사포처럼 쏟아냈다. 그렇게 하는 것이 피해 노동자들에게 빛바랜 판결문을 건네주었던 미안함을 조금이나마 해소하는 길이라는 생각으로 말이다.

이 토론회 이후 약 4년이 지나 소액 체당금 제도(현재 간이 대지급금 제도)가 도입되었다. 국가가 사업주를 대신해 임금을 지급하는 제도, 이른바 체당금 제도(현재 체불임금 대지급금 제도)는 외환위기 이듬해인 1998년에 처음 도입되었지만 사업체가 법원에서 파산, 회생절차 개시 결정을 받거나 노동청이 해당 기업이 사실상 도산했다고 인정했어야 작동되는 등 요건이 까다로워 활용하기에 어려움이 있었다. 하지만 소액 체당금 제도는 그런 요건 없이 일정 금액(시행 시 300만 원, 현재 1,000만 원)까지 지급받을 수 있는 제도다.

이 제도의 도입에 내가 0.00001%는 기여했다고 자부한다. 7년 후 아르바이트 노동자 관련 회의에서 만난 노동 활동가가 마침 그 간담회에 노동자단체를 대표하여 참석한 활동가였는데, 그때의 나를 기억하고 이런 이야기를 건네주었다.

"공공기관에서 나온 변호사이니 그냥 조용히 앉아 있다 밥만 먹고 가실 줄 알았는데, 공공기관에도 이런 괜찮은 변호사가 있다니? 하는 생각이 들었습니다."

사적 자치를 더 중시해야 한다는 의견을 낸 사용자단체와 교수는 반대로 '뭐 이런 변호사가 다 있어'라고 생각했겠지만, 양쪽 모두에게 괜찮은 사람이 되는 건 불가능한 일이다.

근로감독관에 대한 지휘 감독 권한은 여전히 검찰에게

국민권익위원회 전문위원의 발제에는 상습 또는 고액 체불 사업주에 대한 제재수단을 강구해야 한다는 대목이 있었다. 특별한 건 없었지만 약식기소에 따른 벌금형보다는 정식기소를 통한 징역형 부과로 전환해야 한다는 대목이 눈에 띄었다.

□ **상습 또는 고액 체불 사업주에 대한 제재수단 강구**

가. 특별 조사단 운영

○ 상습 또는 재산 은닉을 통한 고액 체불 사업주에 대해서는 특별 조사단을 운영하여 구속수사를 통한 형사제재의 강화

- 약식기소에 따른 벌금형보다는 정식기소를 통한 징역형 부과로 전환

- 재산 은닉 등에 대해서는 경찰서에 수사 의뢰

임금채권 확보 방안(국민권익위원회 복지노동 민원과 전문위원 한경식, 2010. 7. 9. 간담회 발제문 중)

그 간담회에서 논의되었던 '체당금 제도 개선 방안'은 나름 반

영이 되어 제도가 시행되고 있지만, 체불 사업주에 대한 제재수단 강구는 특별한 진전이 없어 보인다. 그건 임금 체불을 대하는 검찰의 태도에 있다고 나는 생각한다.

2018년 4월 27일 대검찰청에서 노동법 학회와 함께한 공동학술대회 '형사법의 관점에서 바라본 노동법'에서 토론자로 나선 울산지방검찰청 박상용 검사는 "임금 체불죄의 보호 법익을 피해자의 재산권뿐만 아니라 인격권과 연결해야 한다"고 역설했고, 임금 체불죄를 민사상 채무 관계로 보는 법조계 인식 등 한계를 지적했다. 그러나 막상 우리가 현장에서 만나는 검사는 노동자의 생계를 위협하는 임금 체불 사건에 대해 상당히 무덤덤할 때가 많다(2장 다섯 번째 이야기에서 살펴본 바와 같이 이주 노동자 임금 체불 사건에서 공판검사는 피고인이 세운 증인의 진술에 대해 질문 하나 던지지 않았다).[34]

검찰·경찰 수사권 조정 결과 경찰에 대한 검찰의 지휘 감독 권한이 사라진 것과 달리, 특별사법경찰관인 노동청 근로감독관에 대한 검찰의 지휘 감독 권한은 계속 유지되고 있다. 근로감독관의 부실수사가 문제된 경우 검찰도 그 책임에서 절대 자유로울 수 없다.

검찰청법 제4조(검사의 직무)
① 검사는 공익의 대표자로서 다음 각 호의 직무와 권한이 있다.
2. 범죄 수사에 관한 특별사법경찰관리 지휘·감독

우리가 현장에서 만나는 근로감독관의 모습은 매우 불량할 때가 많다. 사용자의 임금 체불을 철저히 '감독'해야 할 근로감독관은 노동자와 사용자의 주장이 엇갈릴 때면 임금 체불 피해 노동자의 주장과 자료를 철저히 '감독'하려 한다.

구체적인 체불 액수를 산정하기 위해서는 하루에 몇 시간 노동을 하였는지, 연장 근로를 얼마큼 했는지를 확정하는 것이 중요하다. 대부분의 사용자는 노동자의 연장 근로를 확인할 자료가 없다며 버티고, 노동자가 손 글씨로 빼곡히 노동시간을 기록해둔 수첩은 근로감독관 앞에서 난도질당한다.

"수첩에 적어놓은 걸 어떻게 믿어요? 적어도 사장님 사인을 받아둬야 하는 거 아닌가요?"

근로감독관으로부터 연장 근로시간 입증을 강요당하다 지친 노동자들은 "사업주가 스스로 인정하는 체불임금만큼은 빨리 받게 해준다"는 근로감독관의 달콤 쌉쓸한 권유 앞에 무너진다. 그 권유를 받지 않고 노동청 진정을 취하하지 않는다고 하더라도 달라질 건 없다. 사용자가 노동자의 월급 계좌에 딱 자신이 인정하는 추가 임금만 입금하면 검사는 불기소처분인 기소유예를 남발한다. 마치 공장 대량생산 라인에서 찍어내듯 생산되는 검찰의 불기소 결정에 적힌 불기소 이유는 아래와 같다.

불기소 이유 :
동종 전력 없음,
문제된 체불 금품 및 퇴직금 전액 지급,
체불 경위 등 참작, 사안 중하지 아니함.

노동청 진정 절차, 근로기준법 위반 형사 절차에서 인정받지 못한 임금에 대해 뒤늦게라도 민사소송을 제기하면 대부분의 판사들은 수사기관에서도 인정받지 못한 임금이 얼마나 되겠냐는 태도로 사건을 대한다. 필자는 이런 취지로 전화를 걸어온 판사와의 통화 내용을 공익제보해 세상에 알려지기도 했다.[35]

"이 사건 아시다시피, 수사기관에서 미지급되었다고 인정한 금액을 이미 지급했다고 피고들이 주장하고 있거든요. 이런 상황에서 만약에 원고 측이 여러 가지 증거 신청을 하고 있고, 그에 따라 미지급 임금이 밝혀질 수는 있겠죠. 그렇다 하더라도 그 액수가 많지는 않을 것 같아요."

임금 체불을 해결해주겠다고 만들어놓은 국가 시스템 절차에서 만나는 공무원들의 태도는 시민들에게 위로와 격려가 되어주기는 커녕 오히려 화만 돋운다. 근로감독관, 검사, 판사는 모두 임금 체불을 경험한 적이 없고 앞으로도 경험할 가능성이 희박한 사람들이기 때문일까? 임금 체불 사건에 관여하는 공무원을 채용할 때 '임금 체불 피해 경험자 우대'라는 조건을 달아야 할까 하는 생각까지 드는 건 우리가 이러한 국가 시스템 내에서 전혀 존중받고 우대받지 못하기 때문일 것이다.

앞에서 설명한 것처럼 노동자가 민사소송을 제기해서 승소 판결을 받는다고 해도 그 판결문은 빛바랜 판결문이 될 가능성이 높다. 그래서 형사처벌이 중요하다.

사람은 윤리적 선택을 하기보다 경제적 선택을 하기 마련이다. 임금 체불에 형벌권을 작동시키는 이유는 그 형벌권을 통해 반복되는 근로기준법 위반을 막아내기 위해서이다. 그런데 공익의 대표자로 이 형벌권을 책임지고 작동시키는 검찰이 과연 부여받은 권한을 제대로 작동시키고 있는지 의문이다.

아래는 임금 등 미지급 사건에서 대법원이 정한 양형 기준이다. 그러나 검찰은 대부분의 사안에서 정식기소보다는 벌금형을 선고받는 약식기소를 하고 있다. 10년 전 간담회에서 언급된 "약식기소에 따른 벌금형보다는 정식기소를 통한 징역형 부과로 전환"이라는 개선 대책이 전혀 작동되지 않고 있는 것이다.

임금 등 미지급

유형	구분	감경	기본	가중
1	5,000만 원 미만	~6월	4월~8월	6월~1년
2	5,000만 원 이상, 1억 원 미만	~8월	6월~1년	8월~1년 6월
3	1억 원 이상	6월~1년	8월~1년 6월	1년 2월~2년 6월

구분		감경 요소	가중 요소
특별양형인자	행위	• 미지급 경위에 특히 참작할 사유가 있는 경우	• 악의적인 미지급 • 근로자에게 심각한 피해를 야기한 경우 • 범행에 취약한 피해자 • 피지휘자에 대한 교사
	행위자/기타	• 농아자 • 심신미약 • 자수 또는 내부고발 • 처벌불원 또는 실질적 피해 회복(공탁 포함)	• 동종 누범
일반양형인자	행위	• 임금 등 지급 의무의 존부나 범위의 다툼에 참작할 사유가 있는 경우	
	행위자/기타	• 진지한 반성 • 형사처벌 전력 없음 • 상당한 피해 회복(공탁 포함)	• 이종 누범, 누범에 해당하지 않는 동종 전과 • 합의 시도 중 피해 야기(강요죄 등 다른 범죄가 성립하는 경우는 제외)

대한민국 정부가 운영하는 '외국인 고용 허가 제도'를 통해 합법적으로 체류하며 정부가 지정하는 곳에서 일을 하는 외국인 근로

자의 상황은 더 심각하다. 4년 7개월 동안 비닐하우스 숙소에 거주하며 농장 일을 했음에도 3,400만 원의 임금을 제대로 지급받지 못한 분의 사연이 뉴스에 보도되어 시민들의 공분을 사기도 했다.[36] 사업주는 임금을 지급해달라는 이주 노동자의 요청에 "땅을 팔아서라도 임금을 지급하겠다"고 안심시켰으나 그 팔겠다는 땅은 이미 경매로 넘어간 지 오래였다. 대법원 양형 기준에 의거할 때 이주 노동자는 '범행에 취약한 피해자'이기에 양형 가중 사유에 해당한다. 그러나 검찰은 정식으로 기소하지 않고 그저 약식기소했고, 체불임금의 5분의 1에도 못 미치는 벌금 600만 원 약식명령으로 사건은 종결되었다.

"벌금 600만 원을 낼 것인가? 아니면 체불임금 3,400만 원을 노동자에게 지급할 것인가?"라는 상황에서 사업주가 벌금만 납부하는 '알뜰한 선택'을 하게 되는 것을 피할 수 없다. 임금 체불을 노사 간의 계약 위반으로 치부하지 않고 국가의 형벌권을 작동시켜 검찰에게 기소 권한을 맡긴 것은 이런 사업주의 경제적 선택을 막으라는 시민들의 명령이다. 그러나 검찰은 그런 시민들의 명령은 아랑곳하지 않고 오늘도 그저 불량한 '약식 공소장'만 남발하고 있다.

국민에게 근로의 의무를 부여한 국가.
국가의 의무는?

국가는 국민에게 '근로의 의무'를 부여한다. 그렇다면 국가는 국민의 근로에 대한 대가를 책임지고 해결해줘야 한다. 임금 체불에 대해 국가가 먼저 지급하고 사업주에게 구상하는 '체당금 제도'가 존재하지만 지급 범위가 전액이 아니기에 피해 회복에 한계가 있다. 또한 임금 체불이 발생한 후에야 뒷북 감독을 할 것이 아니라, 사용자가 꼼수를 부리지 못하도록 연장 근로시간을 기록해야 할 의무를 사용자에게 지우고, 상습적으로 임금 체불을 일삼는 사용자를 더 엄격하게 감독하고 처벌할 필요도 있을 것이다.

언어는 생각을 지배한다. 우리나라에서는 임금을 지급하지 않는 것을 임금 '체불'이라고 부른다. 체불(滯拂)은 지급해야 할 것을 지급하지 못하고 미룬다는 뜻인데, 이는 사용자 관점의 언어이다. 조금 늦게 주는데 야박하게 굴 수 없는 노릇처럼 느껴진다.

그러나 임금은 노동자에게는 생명줄이다. 임금을 받지 못하면 대출, 사채를 끌어 생계를 유지할 수밖에 없다. 노동자 입장에서는 임금 체불이 아니라 임금 절도, 더 나아가 임금 강도, 그것도 날강도다. 미국에서는 임금 체불을 'wage theft'라고 부르며, '절도'에 해당하는 용어 'theft'를 사용한다. 1년에 신고되는 체불임금 액수가 1조가 넘는 작금의 사태를 개선하기 위해서는 용어부터 바꿀 필요가 있을 것이다.

또 이 사태를 개선하기 위해 필요한 건 새로운 통계다. 빌 게이츠가 두 번씩이나 강력 추천한 것으로 유명해진 책《새빨간 거짓말, 통계》(대럴 허프 저. 청년정신)에서 경고하듯, 통계는 현상을 드러내는 것이 아니라 감출 수 있다. 체불임금 액수로 고용노동부에 신고되는 금액에 대한 통계는 임금 체불 상황의 심각성을 드러내는 데 유효하다. 그러나 딱 거기까지다. 정부는 신고된 금액 중 얼마가 변제되었고, 얼마가 변제되지 못한 채 남아 있는지 그 통계까지 작성해야 한다. 판결문에 기재된 액수만 따질 게 아니라 그 판결문이 빛나는 판결문인지 빛바랜 판결문인지를 명확하게 구분해서 통계로 만들어내야 한다. 그래야 임금 체불에 대한 현재 국가 시스템의 부실함을 드러낼 수 있고, 부실함이 드러나야 개선 방안을 마련할 수 있을 것이다.

우리가 뉴스에서 듣고 싶은 건 "체불임금에 우는 근로자들" 같은 우울한 소식이 아니다. 이런 기쁜 소식이다.

"임금 체불은 한 가정을 파괴하고 시민들의 꿈을 짓밟는 것이므로 법정 최고형으로 구형하라는 대통령의 지시가 있었다."

그러나 아쉽게도 이건 가짜 뉴스다. 진짜 팩트는 임금 체불의 법정 최고형이라는 것이 고작 징역 3년이라는 사실이다. 또 임금 체불로 시민들에게 고통을 주는 사업주에 대해 검찰은 대부분 약식 기소를 한다는 점, 법원이 약식명령으로 선고하는 금액은 대부분 임금 체불 액수에 훨씬 못 미치는 금액이라는 점도 씁쓸하지만 사실이다.

정부는 명절 앞두고 임금 체불 방지 대책을 추진한다는 호들갑은 이제 그만 떨고, 평소에 제대로 된 대책과 엄정한 법 집행을 해야 한다. 그리하여 이 지긋지긋한 임금 체불 문제가 해결되었으면 좋겠다.

성폭력 피해자를
보호해주지 못하는 검찰

2022년 4월 검찰 수사권을 축소하는 논의가 국회에서 벌어졌을 때 대검찰청 페이스북에 올라온 영상이 있다. 실제 일선에서 근무하고 있는 대전지방검찰청에서 만들었다고 하는 그 영상의 시작은 이렇다.

"검수완박 후… 성폭력 피해자, 보호해주지 못해서 죄송합니다."[37]

당시 검찰은 전 구성원이 나서서 검찰 수사권 축소 법안이 통과하지 않도록 대국민 홍보에 나섰다. 검찰 수사권이 축소되면 피해를 입는 것은 국민이라며, 경찰이 밝혀내지 못한 실체적 진실을 직접 수사로 밝혀낸 사건을 셀프 홍보하기도 했다. 고검장, 검사장, 부장검사, 평검사, 수사관 너나 할 것 없이 릴레이 회의를 하며 법안에 반대하는 목소리를 높였다.

그 당시 대한변호사협회 등 여러 전문가들이 나서서 의회 폭주, 졸속 추진, 형사 사법 시스템 붕괴 등을 언급하며 법안의 문제점에 대해 조목조목 비판하는 목소리를 냈다. 그러하기에 검찰이 '왜 수사권까지 축소되는 상황을 직면하게 되었는지'에 대한 자기성찰 없이 셀프 홍보까지 해가며 국민의 피해를 운운하는 모습이 내 눈에는 볼썽사납게 느껴졌다. 가수 장기하 노래 〈가만 있으면 되는데 자꾸만 뭘 그렇게 할라 그래〉를 떠올리며 이런 격정적인 글을 쓰기도 했다.

> 검사들은 제발 장기하의 노래 가사를 곱씹고, 현재 맡고 있는 사건 처리에 집중하며, 그래도 시간이 남으면 과거 자신들의 흑역사를 스스로 청산할 방법을 찾기 위한 릴레이 회의를 시작했으면 좋겠다.

언론사 법조 출입 기자들도 사례 찾기에 분주했다. '경찰이 망친 수사를 검찰이 직접 수사하여 실체적 진실을 잘 밝혀낸 사건'을 찾는 전화가 쇄도했다. 감정적으로는 검찰의 행태에 눈살이 찌푸려졌지만 그래도 이성적으로는 졸속으로 추진하는 개정 법안이 초래할 부작용이 우려되었던 나는 이런 타협점을 찾아냈다. '사례는 제공하되 인터뷰는 하지 않기.' 그래서 당시 한 언론사의 보도에는 이런 내용이 담겼다.

> 한 변호사는 사찰에서 장애인을 노예처럼 착취한 사건을 이야기
> 했는데요. "경찰이 불기소의견을 내면서 사건이 묻힐 뻔했는데,
> 검찰의 재수사로 가해자를 법정에 세울 수 있었다. 그런데 이런
> 일이 늘어날 수 있다"고 했습니다.
> (중략)
> 한 변호사는 자칫 검찰을 옹호하는 것처럼 비칠까 봐 인터뷰를
> 사양하기도 했습니다.[38]

다시 대전지방검찰청이 올린 영상 이야기로 돌아오면, 그 영상
에서 검찰은 '검수완박 이후에는 성폭력 피해자를 보호해주지 못하
게 된다. 죄송하다'는 메시지를 피력했다. 마치 검찰 수사권을 박탈
하기로 한 검찰 개혁안이 피해자를 지키지 못하게 된다는 뉘앙스로
들린다. 그러나 검찰이 성폭력 피해자를 보호하지 못했던 일, 그래
서 미안해야 했던 일은 과거에도 있었고, 현재에도 있다.

성폭력 피해자 신원을 노출한 사건
검사의 '실수' 아닌 '과오'

2021년 12월 국민권익위원회는 아동 학대 사건 가해자 공판 절차에서 검찰이 피해자의 신원을 노출시켜 공익신고자보호법을 노출시켜 공익신고자보호법을 위반했다는 결정을 내렸다. 권익위원회는 피해자의 신원을 노출시킨 검사에 대해 검찰총장에 징계를 요구하였고, 피해자를 지원하는 시민단체는 그 검사를 처벌해달라는 고발장을 공수처에 제출하기까지 했다. 검사가 성폭력 피해자의 신원을 노출시킨 과정을 보면 검찰이 얼마나 시민들의 사건을 무성의하고 소홀하게 대하는지를 확인할 수 있다.

> 신고자들의 비밀보장 의무를 위반한 것으로 확인되는 피신청인(대구지방검찰청 서부지청 검사)에 대한 징계를 검찰총장에게 요구하기로 한다.

국민권익위원회 2021년 12월 6일 결정문 '주문' 중 일부

공익신고자는 성폭력 피해자로 당시 중학생이었다. 피해자는 2017년 충북에 있는 중학교에서 수업을 받던 중 교사로부터 성추행 및 성희롱 피해를 입었고, 이에 대하여 2018년 학교 측에 문제를 제기했다. 학교 측에서는 수사를 의뢰하였고, 교사는 기소가 되었다(2장 다섯 번째 글에서 잠깐 언급했던 '청주 스쿨 미투 사건'이다). 피해자

는 수사기관에 진술서를 본명으로 제출했고, 수사가 본격적으로 시작이 될 때부터는 가명으로 조사를 받았다. 가명을 사용한 이유는 피해자에게 추가로 발생할 수 있는 2차 피해가 우려되어 인적사항이 기록으로 현출되지 않기를 바랐기 때문이다.

성폭력 범죄의 처벌 등에 관한 특례법 23조는 성폭력 범죄의 피해자, 성폭력 범죄를 신고한 사람을 증인으로 신문하거나 조사하는 경우에 준용하도록 규정하고 있다. 특정 범죄 신고자 등 보호법 제7조에서는 '검사 또는 사법경찰관이 범죄 신고 등과 관련하여 조서나 그 밖의 서류를 작성할 때 그 취지를 조서 등에 기재하고 범죄 신고자 등의 성명, 연령, 주소, 직업 등 신원을 알 수 있는 사항을 기재하지 아니한다'고 규정한다. 즉 검사 또는 사법경찰관은 신고자가 조서 등에 가명으로 서명하게 하여야 하고, 이때 가명으로 된 서명은 본명의 서명과 동일한 효력이 있다.

그런데 검사가 6명의 피해자들을 증인으로 신청하는 과정에서 피해자를 포함한 2명의 성을 노출시켰다. 피고인들이 2020년 재판 중 재판 기록 열람등사 신청을 통해 형사재판 관련 문서들을 열람하는 과정에서 그 증인 신청서에 담긴 피해자 본명의 성을 확인하게 된 것이다. 피해자의 성씨는 상대적으로 흔하지 않은 성씨였고, 학생들 중 총 4명에 불과했기 때문에 피해자 성씨 노출은 피해자가 특정되어 2차 피해가 발생할 위험을 야기시켰다. 결국 이 일이 있은 이후 실제로 피해자는 심각한 2차 피해를 당하게 되었다.

피해자가 심각한 2차 피해를 당하자 검사는 법원이 이를 제지해 달라는 취지의 의견서를 부랴부랴 법원에 제출하였다. 그 의견서에서 검사는 '실수'라는 단어를 사용하였고, 피해자와 피해자를 돕는 시민단체는 자신의 직무상 과오를 그저 '실수'로 치부하는 것에 더 분노해 이 문제를 공론화하게 된 것이다. 아래는 의견서의 일부다.

증인 신청서의 작성 및 제출 과정에서 피해자 4명에 대하여는 가명으로 신청이 되었으나, 2명의 피해자는 성이 노출되는 실수로 인하여 피고인이 해당 피해자들의 인적사항을 특정할 수 있게 되어버렸습니다.

검사는 국민권익위원회 조사에서 이 일이 '실수'였다는 기존 주장을 번복해 공판 수행을 위해 필수불가결한 최소한의 조치였다고 강변하기까지 한다. '실수'라는 표현은 '과오'의 의미로 사용한 것이 아니고, 결과적으로 증인 신청 과정에서 드러난 피해자들의 성을 토대로 피고인이 증인의 인적사항을 특정하게 된 빌미가 되었다는 점을 강조하려고 한 것일 뿐이라는 것이다. 또한 경찰 조사 시작 전 피해자가 자필로 작성하여 본명으로 서명한 진술서와 관련해 증인 신청이 필요했다고 주장했다. 이때 진술서에 따라 신청인의 성을 언급해야 했고 이로 인해 작성자가 특정될 수밖에 없었는데, 피해자는 검사의 이러한 공판 수행 과정을 정확히 알지 못하여 오해하는 것뿐이라고 강변했다. 그렇다면 검사의 주장처럼 6명의 피해자 중 2명의 증인 신청 시 꼭 성을 노출시켰어야 했을까?

경찰 조사 시작 전 피해자는 실명으로 진술서를 작성했다. 그리고 경찰 조사에서 가명으로 조사를 받았다. 경찰 조사는 위 진술서를 바탕으로 진행되었다. 따라서 진술서에 담긴 내용은 경찰 조사의 피해자 진술에 담겨 있었을 것으로 추정된다. 그러니 검사는 가명으로 조사받았던 것을 녹음한 녹취록만 증거로 제출했으면 될 일로, 실명으로 작성한 진술서를 증거로 제출할 필요가 없었다. 검사의 주장은 공소 유지의 관점에서 이해 불가이고, 피해자 보호 관점에서는 용서 불가한 무책임한 행동이다.

국민권익위원회도 "관련 법상 피해자 비밀보호 취지에 따르면, 검사 또는 사법경찰관은 증거를 정리하는 과정에서 신청인이 경찰 조사 시작 전 본명으로 작성하였던 자필 진술서와 가명으로 작성된 속기록의 작성자가 동일인임을 확인하여야 한다. 또한 가명 속기록 작성 이후의 수사 및 재판 과정에서는 신청인이 가명으로 작성한 진술조서만 증거 기록으로 남겨두었어야 한다"며 검사의 주장을 배척하고 아래와 같이 결론 내렸다.

검사가 증인 신청 과정에서 피해자의 성을 노출한 것은 검사의 직무상 의무를 소홀히 하여 결과적으로 '아동·청소년의 성보호에 관한 법률' 제31조 제1항에서 규정하고 있는 피해자 비밀보장 의무를 위반한 것이라고 볼 수 있을 것이다. (… 중략 …)

이러한 사정을 종합하여 보면, 검사는 이 사건 신고 관련 재판의 공판검사로서 피해자가 공익신고자 등임을 명확하게 알고 있었음에도 불구하고 공판 과정에서 가해자들에게 피해자가 공익신고자 등임을 미루어 알 수 있는 사실을 알려주었다고 할 것이므로, 검사는 공익신고자 보호법 제12조 제1항의 신고자 비밀보장 의무를 위반한 것으로 봄이 타당하다 할 것이다.

그렇다면 공수처에 접수한 검사에 대한 수사는 어떻게 진행되고 있을까? 2021년 6월 23일에 고발장을 제출하고 이 사건 피해자를 대리한 우리는 매주 수사처 담당 검사실로 연락해 사건 진행 경과를 문의했다. 그때마다 검사실에서는 사건 분석 중이라고 회신했다. 그리고 약 6개월이 흐른 2022년 1월 5일 우리는 아래와 같은 수사처 수리사건 처리 결과 통지서를 받게 되었다.

피고발인 : ○○○

접수죄명 : 직무유기 외   결정일자 : 2022. 1. 5.

결정결과 : 단순 이첩(대검찰청)

단순 이첩은 해당 사건이 수사처의 수사 대상에 해당하지 않거나 다른 수사기관에서 수사하는 것이 적절하다고 판단되어 다른 수사기관에 송부하는 결정이다. 검사의 직무유기 범죄는 관련 법상 공수처의 수사 대상이 된다. 그렇다면 공수처는 이 사건을 공수처보다 검찰에서 수사하는 것이 더 적절하다고 판단한 것인데, 과연 이 결정이 합리적인 것인지 의문이 든다.[39]

공수처가 새롭게 신설된 이유 중 하나가 검사에 대한 수사를 진행하는 검찰청의 '제 식구 감싸기' 등이 비난받았기 때문이다. 이런 상황에 검사에 대한 수사를 대검찰청에서 하라는 건 고양이에게 생선을 맡기는 격이고 사실상 공수처의 존재 이유를 부정하는 것이나 다름없다.

이 사건이 세상에 알려진 시점은 마침 공수처가 출범 1년을 맞은 2022년 1월, 그때까지 공수처가 직접 기소한 검사 범죄가 한 건도 없었던 상황에서 언론의 집중 비난을 받았다. 단순 이첩 결과도 실망스러운데 그 검토에 6개월이나 소요되었다는 것은 더 심각한 문제이기 때문이다. 나는 이런 걱정이 들었다. "수사기관에서 6개월 넘게 검토만 하고 있는 사건을 이첩받은 기관에서 열심히 수사할 수 있을까?"

이 걱정은 기우에 그치지 않았다. 대검찰청은 이 사건을 청주지방검찰청으로 넘겼고, 결국 청주지방검찰청 소속 검사였던 피의자 사건을 같은 청주지방검찰청에서 조사하는 기괴한 상황이 연출된 것이다.

"과연 수사가 공정하게 진행될까?"라는 걱정은 곧 현실이 되었다. 청주지방검찰청은 6개월 동안 피고발인 조사도 제대로 하지 않고 "고발인의 진술이나 고발장에 의하여 범죄가 인정되지 않음이 명백하다"며 그저 각하 처분을 내렸다. 그런데 이게 피고발인 조사도 하지 않을 만큼 명백한 것일까? 우리는 검찰의 이 처분에 동의할 수 없어 항고를 제기했다. 피해자의 요청이 있다면 우리는 국가배상 소송을 제기하여 공판검사와 국가가 최소한 민사적 책임을 지도록 할 것이다.

장애인 성폭행 사건으로 본
검찰의 '이해력' 부족

2022년 9월 현재 진행 중인 사건 중 이런 사건도 있다. 함께 살고 있는 친족으로부터 성폭행을 당한 피해 장애 여성은 용기를 내어 가해자를 경찰에 고소하였으나, 경찰은 피해자의 진술이 오락가락하다며 불기소 의견으로 송치했다. 검경 수사권 조정으로 경찰은 1차적인 수사 종결권을 가지고 있지만, 가정폭력범죄는 무조건 사건을 검사에게 송치하도록 되어 있다. 경찰로부터 사건을 송치받은 담당 검사는 경찰 의견대로 불기소 결정했다. 아래는 불기소 이유다.

피의자의 불기소 이유는 사법경찰관이 작성한 송치 결정서에 기재
된 내용과 같음.

검사가 불기소 이유서에 경찰의 의견과 동일하다는 내용만을
간이하게 기재하는 것을 보통 '기재동'이라고 부른다. 그러나 이 제
도에는 경찰의 판단을 검사가 제대로 검토하지 않는다는 비판이 있
다. 눈으로 보는 것과 글로 쓰는 것은 다르기 때문이다. 사법경찰관
이 쓴 송치 의견서가 아무리 그럴싸하게 보여도, 막상 검사가 자신
이 수사한 내용을 자기의 글로 쓰다 보면 절대로 똑같은 의견서는
쓸 수 없다. 논리적 모순을 발견해 재수사에 착수하지는 않더라도
보완해야 할 지점을 발견할 수 있을 것이다. 그래서 검사가 직접 불
기소 이유서를 다시 자신의 언어로 작성하는 수고는 반드시 필요하
다. 이는 기소 권한을 검찰에 맡긴 시민들에 대한 최소한의 예의이
기 때문이다.

그러나 검찰은 이 문제가 대두될 때마다 일부 개선안을 내어
놓으면서도 궁극적으로는 그 관행을 그대로 내버려두고 있다.
2011년 2월 23일 자 법률신문 기사에서는 검찰의 개선책을 아래와
같이 설명한다.[40]

불기소 의견으로 검찰에 송치된 사건에 대한 검사의 의견이 사법경찰관과 동일하더라도 고소가 취소되지 않은 경우에는 간이 기재를 할 수 없도록 했다. 지금처럼 "이 사건의 불기소처분 이유는 사법경찰관이 작성한 의견서에 기재된 이유와 동일하다"는 내용의 기재만으로는 안 되고, **검사가 새롭게 직접 불기소처분 이유서를 작성하도록 한 것이다.**

하지만 △법원조직법 제32조에 규정된 형사합의부 관할 사건 △피의자·고소인·쟁점이 복잡한 사건 △장기 미제 사건 등을 제외하고, **검사장이나 지청장이 지정한 사건은 현재처럼 간이 기재를 할 수 있다.**

(*밑줄과 강조는 필자 추가)

이 기사를 얼핏 보면 검찰이 기재동 관행을 폐지했다고 생각할 수도 있다. 그러나 이는 착각이다. '하지만'으로 시작하는 부분을 잘 읽어보면, 중대범죄에 해당하는 '형사합의부 관할 사건에 기재동 관행을 폐지하겠다'고 나와 있다. 그 밖의 사건에는 큰 변화가 없이 그대로 하겠다는 의미다. '쟁점이 복잡한 사건'은 검찰이 스스로 판단해 복잡하지 않다면 말하면 그만이고, '장기 미제 사건' 역시 미제 사건은 맞지만 장기 미제 사건은 아니라고 하면 그만이다. 검사장이나 지청장이 지정만 하면 기재동을 할 수 있다는 이 개선안은 그저 지금 닥친 비난의 소나기를 피해보겠다는 것으로밖에 볼 수 없다.

그런데 더 안타까운 건 '형사합의부 관할 사건의 기재동 관행을 폐지하겠다'는 내용조차 1년도 안 되어 소리 소문 없이 사라졌다는 것이다. 대검찰청 홈페이지에서 확인할 수 있는 '고소·고발 사건 처리 지침'은 2012년 1월 30일부터 시행되고 있는 대검 예규 형사 1과 제590호다. 예규 제25조는 '고소 사건의 간이 기재'라는 제목으로 "검사는 고소 사건을 불기소처분하는 때에는 사법경찰관의 불기소 의견을 검사의 불기소 이유로 원용할 수 있다"고 규정하고 있다. 26조에 '고소 취소되지 않은 고소 사건에 대한 예외'라는 규정은 아래와 같다.

제26조 [고소 취소되지 않은 고소 사건에 대한 예외]

검사는 제25조의 규정에도 불구하고, 고소 취소되지 않은 고소 사건을 불기소처분하는 때에 다음 각 호의 하나에 해당하는 경우에는 불기소 이유를 작성하여야 한다.

1. 검사장(지청장), 배당권자 또는 결재권자가 지정한 사건
2. 사법경찰관 작성 의견서 기재 내용이 명확하지 않은 경우 등 불기소 의견을 그대로 원용하는 것이 상당하지 아니한 사건
3. 기타 사안의 성격이나 중대성 등을 고려하여 불기소 이유를 직접 작성할 필요가 있다고 판단하는 사건

〈개정 2012.1.30.〉

'형사합의부 관할 사건'처럼 객관적으로 명확한 예외 사유는 없다. 그냥 검찰 마음대로 하겠다는 것이다. 억울한 시민들이 용기를 내어 수사기관을 찾아 피해 사실을 알리고 가해자의 처벌을 구하는 고소 사건에 대해 검찰이 여러 비난을 받으면서도 '기재동' 관행을 유지하는 것을 보면, 법원의 '소액사건 판결 이유 생략 제도'가 떠오른다.

> 소액사건의 판결서에서는 소액사건심판법 제11조의 2 제3항에 따라 이유를 기재하지 아니할 수 있습니다.

법원은 청구금액이 3,000만 원이 넘지 않는 민사사건에 '소액사건' 딱지를 붙이고 판결 이유를 생략하고 있다. 판결문을 받고도 제대로 된 이유를 알지 못하는 소액사건은 민사사건의 70%를 차지한다. 이에 대해 사법부는 제한된 인력으로 각종 소송을 능률적으로 처리하기 위해 불가피한 조치라고 항변한다. 그러나 몇 년 동안 재판을 하고도 그 결과에 대한 이유를 제대로 알 수 없는 시민들 입장에서는 이런 항변이 야속하게 들릴 것이다. 마찬가지로 검찰의 불기소 이유서에 쓰인 '기재동'이라는 문구를 보면 고소인 입장에서는 검찰의 존재 이유에 대해 의문을 제기할 것이다.

다시 앞서 이야기한 성폭행 사건으로 돌아가보자. '기재동' 불기소 이유서를 받은 피해자는 성폭력 상담센터를 통해 우리 사무실을 찾아왔다. 우리는 피해자가 장애인이라는 점에 집중했다. 피해자는 어렸을 때 소아마비로 인해 언어장애가 생겼으며 현재 장애 등록이 되어 있다. 수사 중 받은 심리평가 결과, 피해자는 언어 이해력이 낮고 지각추론 능력이 매우 낮아 사회연령이 미성년자 수준인 경도 정신지체장애로 판정되었다.

피해자는 '신체적·정신적 기능이나 구조 등의 문제로 일상생활이나 사회생활에서 상당한 제약을 받은 사람'으로, 이러한 내용이 반영되어야 한다는 취지로 검찰의 불기소 결정에 대한 항고장을 제출했다. 성폭력처벌법 제6조에서 규정하는 '신체적, 정신적 장애가 있는 사람'이라는 대법원 판례의 해석대로, 이 사건 피해자는 장애인임이 명백하기 때문에 진술의 일관성을 판단하는 데 있어 이러한 장애가 반영되어야 한다.

그러나 이 사건을 이어받은 관할 고등검찰청 검사는 '피해자가 장애인인 관점에서 사안을 바라봐야 한다'는 항고 이유에 대해서는 일언반구 없이, 그저 최초 '기재동' 불기소 이유서에 첨부한 경찰 송치 의견서대로 진술의 일관성만을 문제 삼아 2022년 8월 16일 항고를 기각했다. 우리는 이 말도 안 되는 항고사건 결정통지 잉크가 마르기도 전에 바로 재정신청서를 접수했고, 법원이 이 부당한 불기소 결정을 바로잡아줄 것으로 기대하고 있다.

장애인 성폭력 사건에 대한 수사 당국의 이해 부족으로 많은 장애인 성폭력 사건들이 검찰에서 불기소처분을 받고 있다는 문제는 계속 제기되어 왔다. 2017년 당시 경찰이 장애인 성폭력 가해자에 대한 불기소 의견으로 송치한 경우가 4,462명 중 1,323명(29.7%)으로, 불기소가 전체 사건의 3분의 1에 이른다는 언론 보도도 있었다. 성폭력 사건의 경우 수사기관은 피해자의 진술에 의존해 수사를 하고 있는데, 지적능력 부족으로 일관성 있는 진술이 어려운 피해자의 경우 가해자는 법망을 피해갈 수 있을 것이다. 장애에 대한 이해를 바탕으로 피해자 진술을 분석하고, 나아가 피해자의 진술 이외 더 객관적인 증거를 찾기 위한 노력을 기울여야 하는 것이 아닐까?[41]

과거와 현재에 대해서는 미안하다고 말하지 않은 검찰

다시 대검찰청 페이스북에 올라온 이 문구를 떠올려본다.

"검수완박 후… 성폭력 피해자, 보호해주지 못해서 죄송합니다."

검찰 수사권이 축소되는 법안이 통과될 것을 예상하여 그 법 시행 후 성폭력 피해자를 보호해주지 못하게 될 것을 미리 죄송하다고 하는 '친절한 검찰'의 모습, 이 모습이 불편하게 느껴지는 건 나 뿐일까? 과거와 현재의 성폭력 피해자를 보호하지 못한 잘못에 대해서는 그저 업무 처리를 위해 불가피한 일이었다며 미안하다는 말 한마디 하지 않는 검찰의 모습이 계속 떠올라서인지 '친절한 검찰'이 미래의 잘못을 선제적으로 사과하는 이 모습이 불편하게만 느껴진다. 검찰은 일어나지 않은 일에 미리 죄송하다고 사과할 게 아니라 과거의 잘못에 대해 제대로 반성하고, 피해자가 바라는 검사의 진짜 친절이 무엇일지 돌아보아야 할 것이다.

4장

/

최고 대우를 받는
'밥맛없는 검사들'과
검찰의 흑역사

검찰의 '제 식구 감싸기' :
봐주기와 눈감기

우리나라 검찰의 특이한 셈법

'검사님들을 위한 99만 원짜리 불기소 세트'라는 사진이 온라인 상에서 화제를 모은 적이 있다. 공직자가 부적절한 술 접대를 받더라도 100만 원 미만이면 괜찮다는 것인데 검찰의 이상한 셈법을 풍자한 포스터가 인터넷에 올라오기도 했다.

'검사님들을 위한 99만 원짜리
불기소 세트'라는
풍자 포스터

2019년 7월경 라임 사태 주범인 김봉현 전 스타모빌리티 회장은 검사 출신 이주형 변호사, 서울남부지방검찰청 근무 검사 3명을 불러 술 접대를 했다. 김봉현 회장을 포함한 5명의 술값으로 김봉현 회장이 계산한 전체 술값은 536만 원. 5명이 함께한 것이니 산술적으로 계산하면 1명당 약 107만 원이다. 김봉현 회장은 접대를 한 사람이고 나머지 4명은 접대를 받은 사람이니 김봉현 회장을 제외하고 계산한다면 1명당 130만 원이 넘는 금액이다.

청탁금지법, 이른바 김영란법에 따르면 1인당 접대 금액이 1회 100만 원 이상인 경우에만 형사처벌 대상이 되기에 어떤 셈법이든 검사 3명은 청탁금지법 위반으로 처벌되는 것을 피할 수는 없어 보였다. 그러나 검찰은 2020년 12월 김봉현 전 스타모빌리티 회장의 술 접대 대상으로 지목된 검사 3명 가운데 1명만 청탁금지법, 이른바 김영란법 위반 혐의로 불구속 기소했다.

검찰은 검사 2명이 그날 술자리에서 밤 11시 이전에 귀가해 밴드·유흥접객원 추가비 55만 원의 접대 대상에 포함되지 않는다고 밝혔다. 즉 검사 2명은 100만 원에 약 4만 원이 부족한 96만 2천 원 상당의 접대를 받은 것으로 처벌 금액 기준인 100만 원을 넘지 않아 기소를 면했다는 것인데, 이는 검사 2명을 어떻게든 불기소하려는 '제 식구 감싸기' 셈법이라는 비판에 직면했다.

김학의 동영상 공개 :
검찰 실패 스토리 9년 목격담

2013년 3월, 대전고등검찰청 김학의 고검장은 제55대 법무부 차관으로 취임했다. 그런데 취임 직후, 별장에서 성 접대를 받는 동영상에 나온 인물이 김학의 차관이라는 의혹이 일었다. 김학의 차관은 부인했으나 여론은 들끓었고 결국 취임 후 8일 만에 자진 사퇴했다. 경찰은 수사 결과를 발표하며 '동영상 속 인물은 김학의 전 차관'이라고 확정했고, 특수강간 등 혐의를 적용해 검찰에 송치했다. 그러나 서울중앙지방검찰청은 혐의가 없다며 2013년 11월 김학의 전 차관에게 불기소처분을 내렸다. 동영상 속 여성의 신원을 특정할 수 없다는 것이 이유였다. 2014년 7월 피해 여성의 고소로 2차 수사가 진행되었지만 검찰은 재차 불기소처분을 했다. 동영상과 피해자 진술까지 있음에도 기소하지 않은 검찰에 대해 시민들은 분노했다. 검찰의 '제 식구 감싸기'가 아니라면 도무지 설명할 수 없는 결과이기 때문이다.

2019년 3월 검찰과거사위원회의 재수사 권고에 따라 검찰은 뒤늦게나마 재수사를 진행시켰고 공소를 제기했다. 그러나 뒤늦은 공소 제기는 공소시효의 산을 넘지 못했다. 항소심에서 일부 유죄가 선고되어 실형 선고 후 구속되기도 했지만, 결국 2022년 8월 11일 무죄판결이 확정되었다. 일부 유죄 선고가 난 부분도 대법원이 증인의 신빙성을 문제 삼았기 때문이다. 검찰은 제 식구 감싸기에 성공했겠지만, 시민들은 공익의 대표자인 검찰이 실패하는 리얼 스토리를 9년 동안 목격하는 괴로움을 겪어야 했다.

길거리 성추행 부장검사, 고의는 없었다며 면죄부

2020년 10월, 부산지방검찰청은 강제추행 혐의로 체포된 부산지방검찰청 부장검사에 대해 불기소처분을 내렸다. 부장검사는 2020년 6월, 부산의 한 길거리에서 술에 취한 상태로 피해 여성의 어깨에 손을 올리는 등 부적절한 접촉을 했고, 이후에도 700미터가량 뒤따라간 혐의를 받았다. 경찰은 강제추행 혐의가 있다고 기소해야 한다는 의견으로 검찰로 사건을 보냈으나, 검찰은 피해자를 추행할 의도가 없었다는 이유로 불기소처분을 내렸다. 길을 묻기 위해 피해자 어깨를 한 차례 쳤고 놀란 피해자에게 사과하기 위해 따라간 것이라는 부장검사의 주장을 받아준 것이다.

부산의 여성단체들은 전형적인 "제 식구 감싸기식 결론"이라며 "만약 부장검사가 아닌 다른 피의자였다면 이런 처분을 내렸겠느냐. 가슴에 손을 얹고 생각해봐야 한다"고 검찰의 불기소처분을 비판했다.[42]

처벌을 피한 부장검사는 검사로서 체면이나 위신을 손상했다는 이유로 2021년 5월 감봉 6개월 처분을 받았으나, 두 달이 지난 2021년 7월 서울중앙지방검찰청 부부장 검사로 부임했다. 징계가 끝나기도 전에 서울중앙지검에 배치된 것을 두고 검찰의 '제 식구 감싸기'라는 비판이 연이어 제기되었지만, 검찰은 이미 불이익을 다 받았다며 그런 비판을 일축했다.

교통사고 관련 봐주기 수사

2021년 7월 한 운전자가 서울 올림픽대로에서 4차로와 5차로 사이 백색 안전지대를 가로지르다 5차로로 달리던 피해 차량과 충돌, 피해자가 전치 2주의 부상을 입는 사고가 발생했다. 안전지대 침범 행위는 교통사고처리특례법상 12가지 중과실에 포함되기에 경찰은 가해자를 기소 의견으로 송치했으나, 검찰은 차량 충돌 지점이 안전지대 바깥이라는 이유로 불기소처분했다. 가해 운전자는 현직 부장검사였다.

검찰은 사고 지점이 안전지대 바깥일 경우 이를 안전지대 침범에 의한 사고로 보지 않는다는 대법원 판례가 있다고 그 이유를 설명하였으나, 동일한 사안에서 검찰이 기소한 사례가 다수 알려지면서 '제 식구 감싸기' 의혹이 불거졌다. 비슷한 사고를 내고 기소된 사람들은 "우리는 부장검사가 아니라서 전과자가 된 것이냐"며 수

사 결과를 비판했다. 이 사건은 시민단체의 고발로 현재 공수처에서 다시 수사가 진행 중이다.[43]

검찰의 눈감기에 반기를 들고 나선 임은정 검사

검사가 공소 제기를 하지 않는다는 결정인 불기소처분 중 증거가 불충분하여 혐의가 없다고 결정하는 '혐의 없음'을 볼 때면 불편한 마음이 들 때가 있다. 검찰이 최선을 다해 혐의를 입증하려고 노력했음에도 불구하고 그 증거를 찾지 못했다면야 모르겠지만, 압수수색 등 강제 수사 권한이 있는 검찰이 그 수사 권한을 제대로 행하지 않고 증거가 불충분하다며 내리는 혐의 없음 처분은 시민들 눈에는 그저 '성의 없음' 처분으로 읽힌다.

이러한 검찰의 성의 없음 처분에 반기를 들고 나선 검사가 있으니 바로 임은정 검사다. 금융권 고위 인사 자녀인 윤 모 검사는 2015년 12월 부산지방검찰청 재직 시절 자신이 맡았던 사건 당사자가 제출한 고소장 등 기록 전체를 분실한 후 통째로 위조했다는 의혹이 일었다. 하지만 처벌과 징계 없이 2016년 5월 그의 사직서가 수리되어 논란이 되었다.

사직 이후 2016년 8월 시민단체의 고발로 윤 모 검사에 대한 수사가 진행되었으나 2년 2개월 만에 사건 표지를 위조했다는 공문서위조죄로만 공소가 제기되었다. 그러나 고소장이 위조된 사실 등은 기소를 면해 결국 선고유예라는 솜방망이 처벌로 일단락되었다. 선고유예는 범죄 정황이 경미할 때 형의 선고를 미루고 유예일로부터 2년간 다른 범죄 사실이 없으면 형의 선고를 면제해주는 제도다. 이에 임은정 검사는 이 사건 수사 과정이 전형적인 '제 식구 감싸기'라며 김수남 전 검찰총장 등 관련자 4명을 직무유기 혐의로 경찰에 고발했다.

임은정 검사는 언론과의 인터뷰에서 현직 부장검사로서 이렇게까지 하며 이 싸움에 직접 뛰어든 이유를 이렇게 말한다.

"윤 모 검사 같은 사람들이, 조금 힘 있는 사람들이 정말 범죄를 겁 없이 막 저지르잖아요. 이런 것들이 우리 사회에 팽배한 게 뭐냐 하면 유권무죄 때문이에요. 유권무죄. 힘 있는 사람들은 처벌을 안 받거든요. 검찰한테 찍힌 사람이 처벌을 받는 거예요. 그렇게 되면 누가 법을 지킵니까? 검찰한테 안 찍히거나 검찰이랑 편먹으면 되지."[44]

그렇다면 임은정 검사의 바람대로 추가 처벌은 이루어졌을까? 경찰은 증거 확보를 위해 압수수색영장을 신청했으나 검찰이 무려 세 차례나 반려하였다. 강제 수사인 체포, 구속, 압수수색영장을 법원에 청구하는 이른바 '영장 청구권'은 헌법상 검사에게만 주어지고 경찰은 검사에게 신청할 수 있을 뿐이다.

검찰은 경찰의 영장 신청을 반려하였고, 결국 이 사건을 넘겨받은 검찰은 '증거 불충분으로 모두 혐의 없음' 불기소처분을 내렸다. 공수처가 출범한 이후 임은정 검사는 이 사건을 다시 국민권익위원회에 신고하였고, 국민권익위원회는 2021년 9월 공수처에 수사를 의뢰했다. 2022년 7월 공수처는 부산지방검찰청을 압수수색했다.

유권무죄. 아버지가 금융권 고위 인사였던 윤 모 검사는 임은정 부장검사의 바람대로 뒤늦게나마 자신의 범죄에 합당한 처벌을 받을 것인가? 제 식구 감싸기를 일삼던 검찰 간부 또한 직무유기죄로 처벌받을 것인가? 아무튼 현직 부장검사가 이 문제를 끝까지 끌고 왔기에 그나마 이 사안은 실체적 진실 발견을 앞두고 있다. 그러나 과연 검사가 잘못한 것이 이 사건뿐일까? 내부고발 없이 그대로 묻혔을 많은 사건들을 생각해보면 마음이 더 무거워진다.

검찰의 잣대는 그때그때 다르다

뇌출혈로 쓰러진 아버지의 간병을 도맡았던 22세 청년이 존속살해죄로 처벌받은 사건이 2022년 초 세상에 알려졌다. 공익 근무를 위해 휴학했던 청년은 공장 노동자로 일하던 아버지가 뇌출혈로 쓰러진 2020년 9월 이후 간병을 이어가야 했다. 그러다가 2021년 5월 부친이 굶어 죽자 검찰은 아들을 존속살해죄로 기소했다. 1심 재판부는 징역 4년 형을 선고했다. 항소심 선고를 앞두고 한 언론사가 "누가 아버지를 죽였나"라는 기획 기사를 통해 우리에게 이런 질문을 던졌다.[45]

"부친 간병 살인 22세 청년, 당신은 돌을 던질 수 있습니까?"

대통령 후보까지 앞장서서 재판부에 탄원을 요청하고 국무총리, 보건복지부 장관도 국회에 출석해 "국가가 역할을 다하지 못해 죄송하다"는 뜻을 밝히는 등 청년의 선처를 구하는 목소리가 높았다. 그러나 항소심, 상고심 재판부는 피고인의 상소를 모두 기각하였고, 1심 결과인 징역 4년은 확정되었다. 아버지를 살해하려는 고의가 없었다는 청년의 주장이 항소심, 그리고 최고법원인 대법원에서도 받아들여지지 않은 것이다. 청년은 살인범이라는 멍에를 쓰고 평생을 살아가야 한다. '살인의 고의'라는 법의 잣대는 이렇듯 인정사정없이 청년에게 적용되었다. 우리는 여기서 다음과 같은 질문을 던지게 된다.

"간병 청년에게 적용된 엄격한 법의 잣대, 항상 똑같이 작동하는 것일까?"

아버지를 간병했던 청년에게 무자비하게 느껴질 정도로 철저하게 적용되는 그 법의 잣대가 왜 앞에서 언급한 검사들에게는 이토록 느슨하게 적용되는 것일까? 우리가 간병 살인 청년을 바라보며 안타까워하는 이유는, 사람에 따라 들쭉날쭉 작동하는 법의 '불공정한 잣대' 때문은 아닌지 묻게 된다.

검사인가, 깡패인가?
조작된 증거와 반성 없는 태도

"검사가 수사권 갖고 보복하면 깡패죠."[46]

윤석열 대통령이 2016년 대전고등검찰청 검사 시절 '박근혜-최순실 국정농단' 특검에 1호로 영입되며 수사팀장으로 임명될 당시, "현 정권에서 좌천된 과거 때문에 복수를 하지 않겠냐"는 기자의 우려 섞인 질문에 이렇게 답했다.

"정권에 대한 수사를 자꾸 반복하는 게 개인적으로 뭐 그렇게 좋겠어요? 검사가 수사권 갖고 보복하면 그게 깡패이지 검사입니까?"

그런데 수사권을 가지고 보복을 했다고 평가될 만한 사건, 윤석열 대통령 말대로라면 검사가 깡패가 된 사건이 여기 있다.

검찰이 조작된 증거를 제출했다

2019년 2월 검찰과거사위원회는 검찰총장의 진정성 있는 사과를 권고했다. 수사, 공판검사가 검사로서의 인권보장 의무와 객관 의무를 포기한 채 국정원의 인권침해 행위와 증거 조작을 방치했고, 국정원이 계속적인 증거 조작을 시도할 수 있는 기회를 제공했다는 이유에서다. 이 권고에 따라 당시 문무일 검찰총장은 2019년 6월 25일 "유우성 간첩 조작 사건은 실체에 접근하기 위해 검사가 증거를 면밀히 살폈어야 했는데 안 한 큰 과오가 있다. 굉장히 안타깝고 부끄럽게 생각한다"라고 말하며 허리를 숙였다. 이 사건의 피해자는 2004년 탈북해 서울시 공무원으로 근무하던 중 2013년 국가보안법 위반으로 구속되어 재판을 받게 된 유우성 씨다.

검찰은 서울시 공무원으로 근무하면서 국내 체류 중인 북한 이탈 주민들의 정보를 북한에 넘겼다는 이유로 유우성 씨를 국가보안법 위반으로 구속 기소하고 징역 7년의 중형을 구형했다. 그러나 1심 재판부는 2013년 8월 국가보안법 위반 혐의는 무죄로 판단하고 여권법 위반 혐의 등만 유죄로 인정해 징역 1년에 집행유예 2년을 선고했다. 항소심에서 검찰은 국가보안법 위반 혐의 입증의 유력한 증거 자료로 유우성의 출입경기록(중국과 북한을 왕래한 기록)을 제출하였다. 중국과 북한을 왕래한 기록이 맞는다면 유우성 씨의 국가보안법 위반 혐의점이 1심과 달리 유죄로 바뀔 수 있는 상황.

그런데 유우성 씨의 변호인은 검찰이 제출한 출입경기록이 위조된 것이라고 주장했다.

검사가 제출한 증거가 위조되었다고? 설마 그럴 리가. 그러나 그런 일이 실제로 일어났다. 중국 주한대사관 영사부가 "검사가 제출한 출입경기록은 모두 위조된 것"이라고 회신한 것이다. 결국 유우성 씨에 대한 국가보안법 위반 공소 사실에 대해서는 무죄가 확정되었다. 그리고 모든 관심은 그 위조된 출입경기록으로 모아졌다.

출입경기록이 위조되었다는 사실이 밝혀지자 검찰은 진상 조사팀을 꾸려 강제 수사에 들어갔다. 수사 결과 증거 조작 혐의에 가담한 국정원 직원들과 중국 국적 민간인 협조자가 공모한 것이 드러났고, 최대 징역 4년 형이 선고되었다. 그렇다면 위조된 출입경기록을 법원에 제출한 검사들은 어떤 처벌을 받았을까?

이 사건을 수사했고 항소심 공판에도 참여한 이시원, 이문성 검사에 대해서 검찰은 불기소처분을 내렸다. 검사들은 국정원에 속았다고 주장했고 그 주장이 그대로 받아들여졌기 때문이다. 국정원에 속았다는 검사들의 주장은 과연 진실이었을까? 이에 대한 철저한 조사는 이루어졌을까?

검찰과거사위원회 조사 결과 보고 및 심의서에는 이시원, 이문성 검사에 대한 검찰 수사의 문제점이 아래와 같이 고스란히 담겨 있다.

이 사건 증거 조작에 대한 검사의 인식과 책임을 규명하는 데 중요한 의미가 있는 주요 사실관계에 대하여 검사들의 진술이 모순되고 국정원 직원들의 진술과 불일치함. 따라서 반드시 사실관계를 확인할 필요가 있었으나, 진상 수사팀은 검사들이 증거 위조 사실을 몰랐고 오히려 속았다고 판단하여 검사들에 대해서는 통화 내역 확보나 업무용 컴퓨터에 대한 압수수색 등의 강제 수사를 시도하지도 않았음. 이는 이 사건에 대한 검사의 책임을 규명하기 위한 중요한 기회를 놓친 것으로서 검사들에 대한 수사가 미진하였다고 판단됨.

검찰과거사위원회 조사 결과가 나온 이후 이시원, 이문성 검사에 대한 수사가 다시 진행되었으나 2020년에도 또 한 번 면죄부가 주어졌다. 내부적으로 정직 1개월의 징계만 받았고, 상급자 또한 최남성 부장검사만 감봉 1개월만 받았을 뿐, 차장검사 이진한, 검사장 김수남은 징계 또한 피했다.

4년 전 기소유예, 4년 후 공소 제기

"공소권 남용은 검사의 공소 제기가 형식적으로 적법하나 실질적으로 공소권의 행사가 그 재량의 한계를 일탈한 경우를 말한다. 공소권 남용으로 인정되는 경우 공소 제기를 무효로 봐서 법원은 유죄, 무죄의 실체 판결을 할 것이 아니라 공소 기각과 같은 형식 재판으로 소송을 종결해야 한다는 것이 공소권 남용 이론이다."

형사소송법 교과서에 적혀 있는 공소권 남용 이론이다. 사법고시를 공부할 때 학원 강사가 이 내용을 소개하며 언급했던 이야기가 20년이 지났지만 기억이 난다. "이론상에만 존재할 뿐 현실에서는 일어날 가능성이 희박하니 시험에 나올 가능성은 제로입니다."

그런데 현실에서 일어날 가능성이 희박한 '공소권 남용 이론'이 21세기 대한민국에서 버젓이 적용된 사례가 있다. 대한민국 최초로 검사의 공소 제기에 대해 법원이 공소권 남용이라며 공소를 기각한 사례는 앞서 증거 조작 이후 또 다른 범죄로 공소 제기를 당한 유우성 씨 사례다.

검찰의 증거 조작으로 유우성 씨에게 국가보안법 무죄가 선고되자, 검찰이 이번에는 불법으로 북한에 돈을 보낸 혐의(외국환거래법 위반)와 탈북자를 가장해 서울시 공무원에 임용된 혐의(공무집행방해)로 2014년 5월 그를 다시 기소했다. 그런데 이 중 외국환거래법 위반 혐의는 2010년 3월, 서울남부지검이 유 씨가 초범이고 가담 정도가 경미하다는 이유로 이미 기소유예 처분을 했던 범죄다. 기소유예는 범죄는 성립하되 여러 가지 사유로 기소는 하지 않겠다는 검찰의 불기소처분이다.

검찰이 한 번 기소유예한 불법 송금 건을 다시 공소 제기한 것을 두고 논란이 일었다. 검찰이 국가보안법 위반 혐의에서 무죄를 받은 유 씨에게 패씸죄를 적용해 보복 기소한 것 아니냐는 것이었다. 1심에서는 검찰의 공소권 남용이 인정되지 않았지만, 항소심은 검찰의 공소권 남용을 인정해 공소를 기각했다.

종전 사건의 피의 사실과 현재 사건의 공소 사실 사이에 기소유예 처분을 번복하고, 공소 제기할 만한 의미 있는 사정 변경이 없음에도 4년이 지나 기소한 것은 통상적이거나 적정한 재량권 행사로 보기 어렵다고 판단한 것이다.

2021년 10월 14일 상고심이 검찰의 상고를 기각하며 검찰의 공소권 남용 사실은 확정되었다.

공소권 남용으로 평가된 공소 제기에 관여한 이는 안동완 검사, 이두봉 부장검사, 신유철 차장검사, 김수남 지검장이었다. 그들에 대한 검찰 내부의 징계는 없었다. 유 씨는 이들을 직권 남용 혐의로 고소했다. 현재 공수처에서 수사 중이다.

잘못해도 사과하지 않는 검찰

이렇게 잊혀갔던 검찰의 흑역사는 2022년 5월, 이시원 검사(유우성 간첩 조작 사건 담당 검사)가 윤석열 정부의 대통령실 공직 기강 비서관으로 발탁됨과 동시에 다시 현실로 소환되었다. 대통령실 공직 기강 비서관은 대한민국 공무원의 일탈과 비위를 감시하며 기강을 바로잡는 일을 한다. 그런데 그 중차대한 사명을 이시원 전 검사에게 맡기는 것이 타당한 것인지에 대해 비판 여론이 들끓었다. 그러나 예정대로 임용되어 이시원 전 검사는 대통령실에서 근무 중이다. 유우성 씨는 이러한 소식을 듣고 페이스북에 다음과 같은 글을 남겼다.

유우성
2022년 5월 6일

악몽을 꾸고 있는 것 같습니다.
간첩 조작 사건의 수사부터 기소까지 담당했던 이시원 전 검사가
자신의 가담 정도가 얼마 안 된다고 변명을 한다고 합니다.
기소권을 독점하고 있는 검찰의 제 식구 감싸기에
결국 처벌을 받지는 않았지만
그렇다고 죄가 없는 것은 아니지 않나요?
너무나 뻔뻔한 행보에 소름이 돋고 구역질이 납니다.
검사는 범죄를 저질러도 처벌을 받지 않고 오히려
승진하며 때가 되면 나라의 중책을 맡기까지 한다는
역사의 오명으로 남을 것입니다.

공소권 남용으로 판단된 두 번째 기소에 관여한 이두봉 검사는 검사의 꽃이라 불리는 검사장 승진에 성공했고, 2022년 6월 대전고검장으로 검찰총장 물망에도 이름을 올렸다. 2021년 국정감사 당시 인천지검장이었던 이두봉 검사는 국회에 출석해 "대법원 판결을 존중해서 업무 처리에 유의하겠다"고 말하며 사과를 거부했다. 그리고 2022년 6월 검찰이 국회에 '2021년도 국정감사 처리 결과 보고서'를 제출하며 유우성 씨 보복 기소에 대해 사과하라는 국회 요구를 거부했다. 거부 사유는 "1심에서는 유 씨 측의 공소권 남용 주장이 배척돼 유 씨에게 전부 유죄가 선고되는 등 법원에서도 심급 간 의견이 나뉜 사안"이라는 것이었다.

　　이런 식의 논리라면, 1심 무죄, 항소심 및 상고심 유죄가 선고되어 최종 유죄 확정판결을 받은 피고인은 "법원에서도 심급 간 의견이 나뉜 사안"이니 형의 집행을 거부할 수 있을 것이다. 자신들의 잘못에는 한없이 관대하고, 시민들의 잘못에는 엄격한 잣대를 들이대는 검찰을 우리는 공익의 대표자로 신뢰할 수 없다.

　　많은 사람들이 이 이야기를 듣고 그냥 '남 이야기'라고 가볍게 넘길지 모르겠다. 그런데 시민 유우성 씨에게 일어난 공포영화 같은 일은 또 다른 시민 누구에게나 벌어질 수 있는, 우리 이웃의 이야기다. 그러기에 최소한 이 일에 연루된 검사들, 그리고 검찰조직의 사과와 성찰을 기대했는지도 모르겠다. 그러나 우리의 기대와는 달리 그들은 너무나 당당하고, 이에 우리는 이런 근본적인 고민을 가지게 된다. '자신들의 잘못에 대해 사과와 성찰도 없이 그저 하늘을 우러러 한 점 부끄러움 없다고 강변하는 이 검찰이라는 조직이 기소권 등 국가의 권한을 독점하는 것이 과연 안전할까?'

최고 수사기관에서 벌어진
직장 내 괴롭힘 사망 사건

"징역 1년에 처한다."

후배 검사인 김홍영 검사를 폭행, 폭언으로 괴롭힌 가해 부장검사가 2021년 7월 6일 받은 선고 결과다. 고 김홍영 검사가 극단적 선택으로 생을 마감했을 때가 2016년 5월 19일이니 가해 부장검사의 형사 1심 선고까지 무려 1,875일이라는 시간이 걸렸다.

"1,875일… 그 하루하루 유족들의 마음은 어떠했을까?"

김홍영 검사의 처음이자 마지막 부임지였던 서울남부지검 홈페이지 알림소식(생생포토)에는 아직도 '신임 검사 부모님 초청 행사' 사진이 걸려 있다. 2개월째 휴가 한 번 못 간 패기 어린 눈빛의 초임 검사와 그 아들을 안쓰럽고 대견스럽게 여기는 부모님의 모습이

고스란히 담긴 사진이다. 그날 어머니가 했다는 말 또한 기사로 남아 있다.[47]

"얼마 전에 검찰청에서 온갖 권모술수가 난무하는 모습을 그린 TV 드라마 〈펀치〉를 보고 동네 사람들이 검사 욕을 하는 걸 들었어요. '우리 아들 검사시키길 잘못했나' 하고 걱정을 했었죠. 그런데 오늘 검찰청, 법정에서 검사님들이 일하는 모습을 보니 그런 걱정이 말끔히 사라졌습니다. 대한민국의 검사가 된 걸로 평생의 효도는 다 했으니 앞으로는 아들이 검사로서 사명감을 갖고 나라에 충성하길 빌겠습니다."

그러나 검사 김홍영은 2016년 1월 새로 부임한 부장검사 밑에 있게 되면서 나라에 충성이 아닌 개인에 충성해야 하는 상황에 놓인 채 상습적인 폭언, 폭행 등 괴롭힘을 당해야 했다. '우리 사회에 법과 질서를 세우고 국민의 안녕과 인권을 지키는 국가 최고 법 집행기관'이라는 설명이 무색하게 검찰은 자신들의 직장 내에서 이루어지는 괴롭힘을 막지 못했고, 김홍영 검사는 2016년 5월 19일 세상을 떠났다. '우리 아들 검사시키길 잘못했나' 하는 어머니의 걱정은 이렇게 슬픈 현실이 되고 말았다.

고 김홍영 검사는 지난 2015년 4월 1일 서울남부지방검찰청 부임 이후 2016년 1월 26일까지 초임 검사로 일했다. 그러나 1월 27일부로 형사 제2부로 소속이 바뀌면서 새로 부임한 부장검사 밑에서 일하게 되었다. 그리고 나서 그는 4개월도 채 지나지 않은 5월 19일 극단적 선택으로 생을 마감했다.

사망 원인을 규명해달라는 유족과 친구들의 요청이 있었지만, 서울남부지방검찰청은 언론의 동향만 살필 뿐 제대로 된 감찰에 착수하지 않았다. 유족과 사법연수원 동기 712명이 2016년 7월 5일 '김홍영 검사의 죽음에 관한 철저한 진상 조사 및 책임자 처벌을 대검찰청에 촉구한다'는 진정서를 접수하고 나서야 대검찰청 차원의 감찰이 시작되었다.

2016년 대검찰청의 감찰을 통해 밝혀진 것만 해도 17건의 비위 행위가 있었다. 그러나 대검찰청 감찰본부는 부장검사 해임, 검사장 경고 정도만을 권고했고, 그것으로 일단락되었다. 부장검사의 직속상관이었던 차장검사는 이후 승진에 승진을 거듭했고, 17건의 비위 행위 중 김홍영 검사에 대한 폭행, 강요 등 명백한 범죄가 확인된 부장검사 또한 해임 처분을 받았을 뿐 형사처벌은 면했다.

그렇게 잊힌 일이 다시 수면 위로 떠오른 건, 대한변호사협회가 부장검사를 처벌해달라는 고발장을 제출했기 때문이다. 해임 처분 후 3년이 지나자 부장검사는 변호사 등록을 신청하였고, 변호사법상 그 등록을 거부할 명분이 없었던 대한변호사협회는 부장검사를 고발했던 것이다. 처벌 결과에 따라 변호사 등록 여부를 다시 검토할 수 있기 때문이다.

고 김홍영 검사 유족과의 만남

나는 고 김홍영 검사를 생전에 만난 적은 없다. 다만, 그가 세상을 떠난 날의 기록이 내 블로그에 있다.

> 동료 변호사는, 연수원 동기이자 연수원 시절 같은 조 조원이었던 서울남부지검 검사 관련 비보를 듣고 조문을 갔고, 난 간만에 내일 있을 형사재판 서면을 작성하기 위해 다시 사무실에 앉아, 누군가의 인생을 위해 오늘도 닳아 없어져버리는 법조인의 삶을 생각해본다.
> 요즘 드라마에 슈퍼맨처럼 나오는 변호사 이야기에 세상 사람들은 열광하지만, 사실 내가 경험하는 법조인의 삶은 대체로 쓸쓸하다.

그런 인연으로 2019년 가을 나는 김홍영 검사의 부모님과 마주 앉았다. 아들을 떠나보낸 후 3년이 지났어도 검찰로부터 제대로 사과를 받지 못했던 유족은 아들의 죽음이 헛되지 않게 하기 위해 국가배상 소송을 진행하고 싶다고 했고, 우리 법률사무소는 고민 끝에 이 사건을 무료로 변론하기로 했다. 누군가는 꼭 해야 할 일이었고, 이 일을 통해 유족의 마음을 조금이나마 위로해드리고 싶었기 때문이다.

국가배상 소송 진행을 위해 유족과 소통하면서 우리는 가해 부장검사의 처벌에 대한 유족의 복잡한 마음을 알게 되었다. 2019년 한 언론사 시사 기획 프로그램에서 가해 부장검사와 유족의 만남을 추진했던 적이 있었다. 고 김홍영 검사의 아버지는 약속 장소에 나갔지만 가해 부장검사는 끝내 모습을 드러내지 않았고, 그 일은 유족 마음에 큰 상처로 남았다. 2019년 11월 대한변호사협회가 고발장을 제출한 후 10개월이 지났지만 서울중앙지검 담당 검사는 가해 부장검사 소환 조사도 진행하고 있지 않았다. 이 소식을 들은 유족의 마음은 당연히 편할 수가 없었다.

검찰수사심의위원회 소집 요청 이끈
가해 부장검사 처벌

그 무렵 우리는 국가배상 소송 절차를 통해 가해 부장검사에 대한 대검찰청 감찰조사 자료를 확보했다. 징계 절차만 진행되고 형사처벌 절차를 진행시키지 않은 대검찰청의 입장이 도저히 이해가 가지 않을 만큼 가해 부장검사의 괴롭힘 정도는 너무 심각했다. 특히 김홍영 검사가 극단적 선택을 하기 직전까지 이어졌던 폭언도 확인되었다.[48]

김홍영 검사는 2016년 5월 19일 새벽, 근무지인 서울남부지검 인근 주거지에서 목숨을 끊기 전날까지 자신이 담당한 살인 사건 처리를 두고 고민이 깊었다. 서울남부지검이 초임지인 데다 형사부 검사 생활이 길지 않았던 김홍영 검사는 피의자 구속 기한 만료를 앞두고 가해 부장검사에게 수사 상황을 보고했다. 그러나 이에 20여 분간 부장검사실 바깥까지 들릴 정도로 큰 소리로 질책을 당했다는 사실이 당시 동료 검사와 직원들이 감찰조사에서 진술한 내용을 통해 확인된 것이다.

"어떻게 하면 가해 부장검사의 처벌이라는 정의를 이룰 수 있을까?" 우리는 고민에 빠졌다. 대검찰청이 4년 전 감찰조사 결과 징계 절차만 진행시키고 형사 절차를 진행시키지 않은 사건에 대해 어떤 검사가 기소할 결심을 할 수 있을까? 내가 담당 검사라도 쉽지 않을 것이라는 생각이 들자 수사를 지체하고 있는 담당 검사에 대한 원망이 수그러들고, 검사가 공소 제기를 할 수 있도록 도울 방법을 찾아야겠다는 마음이 들었다. 바로 그 순간 딱 떠올랐다. 그건 바로 검찰수사심의위원회였다. 검찰수사심의위원회가 공소 제기를 의결하면, 담당 검사는 그 의결을 근거로 4년 전 대검찰청의 입장을 뒤집고 기소할 수 있으리라.

검찰수사심의위원회를 떠올릴 수 있었던 건 이미 우리가 사찰 노예 사건, 이주 노동자 노동력 착취 사건에서 실패한 경험 때문이다(2장에서 설명). 또 실패할 것이 두렵기도 했지만 삼세번이라고 생각하고 유족들의 동의를 얻어 2022년 9월 14일 검찰수사심의위원회 소집을 요청했고, 앞의 두 사건과 달리 즉각적으로 위원회 소집을 결정하는 부의 심의위원회가 열렸다. 우리는 부의 심의위원회에 제출한 의견서 중 아래 내용을 언론을 통해 세상에 알렸다.

피해자가 피의자의 폭행, 망신 주기식 모욕적 언사 등을 못 이기고 극단적 선택을 한 지 4년이 훌쩍 지났습니다. 지금 이 시점에서 피의자에 대한 형사처벌 여부에 대해 시민들이 관심을 가지는 건 이 사안이 '검찰 개혁'의 상징적 사건이기 때문만은 아닙니다.

많은 시민들이 직장 내에서 괴롭힘을 당하고 있고, 이를 해결하기 위한 '직장 내 괴롭힘 금지법'이 2019년 7월 16일부터 시행되어 1년이 지났지만 직장인 70%는 그 변화를 느끼지 못한다고 하고 있습니다.

2020년 4월 26일 고용노동부가 발표한 직장 내 괴롭힘 신고 사건 현황을 보면 법 시행 후 2020년 3월 31일까지 처리된 직장 내 괴롭힘 진정 사건은 2,739건인데, 이 중 근로감독관이 검찰로 송치한 사건은 22건(0.8%)에 불과하다고 하여 시민단체들은 직장 내 괴롭힘 '방지법'이 직장 내 괴롭힘 '방치법'이 되고 있다는 우려를 표하고 있습니다.

노동계에서는 고용노동부가 직장 내 괴롭힘에 대해 직무유기를 하고 있다는 비판이 있지만, 이번 사건을 통해 과연 근로감독관이 열심히 수사하여 송치한다고 해도 검찰에서 직장 내에서 이루어진 폭행, 명예훼손 등에 대해 기소할 것인지에 심각한 의문이 들었습니다.

그 당시 피해자가 피의자로부터 폭행을 당하고, 명예가 심각하게 훼손되는 현장에서 이를 목격한 선·후배 검사들 중에 이를 문제 삼는 검사가 단 한 명도 없었기 때문입니다.

검찰조직 문화는 검찰만의 문제가 아닙니다. 검찰은 수사 종결권을 가질 뿐만 아니라 사실상 기소까지 독점하고 있는 대한민국 수사기관의 정점입니다. 그러한 검찰 내에서 직장 내 괴롭힘이 위와 같이 용인된다는 건 결국 우리 사회의 직장 내 괴롭힘에 대한 인권감수성의 수준을 적나라하게 보여주는 자화상일 것입니다.

최근 법무검찰가족 일동이 '고 김홍영 검사의 희생이 헛되지 않도록 우리는 기억해야 합니다'라는 추모패를 서울남부지방검찰청에 걸었습니다. 피해자 유족과 대리인은 피해자의 희생이 헛되지 않기를 바라는 마음과 검찰시민위원회 위원들이 지혜로운 결정을 내려주실 것을 기대하는 마음을 담아 이 의견서를 제출합니다. 감사합니다.

2020년 10월 16일, 검찰수사심의위원회는 폭행 혐의에 대해 공소 제기함이 타당하다고 의결했다. 서울중앙지방검찰청 주임검사는 위 의결대로 가해 부장검사를 폭행죄로 공소제기했다. 4년 전 형사처벌할 수준이 아니라는 대검찰청의 입장을 뒤집은 것이다. 법원은 2021년 7월 16일 가

서울남부지방검찰청에 걸린 추모패

해 부장검사에게 징역 1년 실형을 선고했고, 현재 항소심 진행 중이다.

서울중앙지방검찰청 2019형제103018호 사건

피의자 김○○
- 폭행 혐의(공소 제기 의견)
- 강요 및 모욕 혐의(불기소 의견)

※(부가 의견) 모욕 범죄 사실에 대해 명예훼손 또는 폭행 성립 여부를 검토할 것

함이 타당하다고 심의 의결하였음.

검찰수사심의위원회 심의결과 통보서

가해 부장검사 실형 선고, 그러나 아직 끝나지 않은 싸움

"징역 1년 아니 징역 10년을 해도 이 세상은 어제도 해는 같은 시간에 뜨고 오늘도 같은 시간에 뜨는구나. 나에게는 아무것도 변한 게 없는데 그저 너무 원망스럽고 한이 맺힐 뿐이구나."

고 김홍영 검사의 아버지가 가해 부장검사의 징역 1년 선고 바로 다음 날 적었던 일기는 이렇게 시작한다. 징역 1년 선고 이후 항소 여부에 대한 의견을 묻는 공판검사에게 아버지는 말 대신 일기를 보내셨다. 그 일기에는 아버지 마음에 남은 안타까움과 답답함이 고스란히 담겨 있다. 가해 부장검사의 폭행 범죄 사실만 처벌되고 모욕 범죄 사실은 처벌되지 못한 것이 형사 고소를 늦게 한 자신의 책임이라고 적은 대목이 특히 마음에 남는다.

고 김홍영 검사 부친의 2021년 7월 7일 일기 중 일부.

검찰의 논리는 이렇다. 가해 부장검사가 고 김홍영 검사에게 모욕적인 말을 한 것은 맞지만 범인을 안 날로부터 6개월 내에 고소해야 한다는 형사소송법 규정상 기한 내에 피해자 또는 피해자 유족의 고소가 없었기에 처벌할 수 없다는 것이다. 이와 같은 검찰의 논리는 유족의 마음을 더 아프게 한다.

일단 검찰은 2016년 8월 감찰 결과 가해 부장검사를 해임하면서도 그 감찰 내용과 결과를 유족에게 공개하지 않았다. 그리고 가해 부장검사를 형사처벌하지도 않았다. 그런데 이제 와서 불기소 이유를 6개월 내에 고소하지 못한 유족 탓으로 돌리는 게 과연 옳을까? 그 6개월은, 가해 부장검사로부터 어떤 모욕적인 말을 들었는지를 정확하게 확인할 수 있었던 시점부터 계산되어야 하는 것이 아닐까? 유족은 김홍영 검사가 사망한 지 4년이 지난 2020년 8월 국가배상 소송 절차에서 재판부의 문서 제출 명령에 따른 감찰 기록 제출이 되어서야 이를 정확하게 확인할 수 있었다.

검찰 의견대로 모욕죄의 고소 기간이 도과되었다는 사실에 의문이 계속 남는다. 가해 부장검사의 폭언과 망신 주기식 언사에 그냥 면죄부를 주어야 할까? 검찰수사심의위원회도 의결 사항에 특별히 이 부분을 부가 의견으로 남겼다.

※(부가 의견) 모욕 범죄 사실에 대해 명예훼손 또는 폭행 성립 여부를 검토할 것

부장검사의 폭언, 폭행죄 성립이 불가능한가

김홍영 검사가 극단적 선택을 하기 바로 전날인 5월 18일, 오후 5시가 넘어 부장검사에게 불려 간 그날의 상황에 대해 부장실 실무관은 "김홍영 검사님이 들어가시고 나서 바로 큰소리가 나기 시작했다. 약 20분간 이어졌다"며 "김홍영 검사님 나오시면 민망할까봐 부속실 안쪽 탕비실에 들어가 있었다. 탕비실에서도 부장님이 화내시는 소리가 전부 들렸다"고 감찰에 진술했다.

폭행죄에서 사람의 신체에 대한 유형력의 행사는 신체적 고통을 주는 물리력의 작용을 의미하므로, 신체의 청각기관을 직접적으로 자극하는 음향도 경우에 따라서는 유형력에 포함될 수 있다는 것이 대법원의 확립된 판결이다. 그런데 서울중앙지방검찰청 수사팀은 '폭언이 피해자에게 신체적 고통을 줄 정도라고 보기는 부족하다'고 결론 맺어 불기소했다.

극단적 선택이 이루어지기 전날 이루어진 20분간 폭언은 피해자에게 신체적 고통을 줄 정도가 아니었을까? 감찰 기록에 분명히 남겨진 이 폭언이 폭행죄로 검토되지 않았다는 점은 추가 수사가 필요하다는 것을 여실히 보여주고 있다.

부장검사의 망신 주기식 언사, 명예훼손 성립은 불가능?

가해 부장검사는 같은 부 소속 검사들이 함께 있는 회식, 회의에서 고 김홍영 검사를 몰아붙였다. 해결하지 못한 미제 사건이 많고, 3개월 초과 사건을 제대로 보고하지 않았다고 지적한 것이다. 그 당시 자리에 함께 있던 후배 검사는 "'후배 앞에서 큰 모욕감이 들겠구나'라고 생각되어 많이 민망했다"고 감찰에서 진술했다.

이에 서울중앙지방검찰청 수사팀은 김 부장검사의 표현이 피해자의 외적 명예를 저하할 만한 내용을 담고 있다고 단정하기 어렵고, 친밀한 관계가 있는 같은 부 소속 검사들만 들었기에 진파 가능성이 있다고 단정하기 어렵다고 결론 맺어 불기소했다.

"해결하지 못한 미제 사건이 많고 3개월 초과 사건을 제대로 보고하지 않았다"는 사실이 피해자의 외적 명예를 저하할 만한 내용이 아니었다면, 후배 검사는 왜 민망해한 걸까? 친밀한 사이인 같은 부서 검사들만 있는 상황에 나온 말이라 해도, 그 말이 다른 사람들에게 옮겨질 가능성은 전혀 없었을까?

시민들의 물리적 행사에 '폭행죄'를, 시민들이 내뱉은 말에 '명예훼손죄'를 적용해 기소하는 검찰의 공소권이 왜 가해 부장검사 앞에서는 제대로 작동되지 않은 걸까. 우리는 언제까지 이러한 현실을 지켜봐야 한단 말인가. 폭행, 명예훼손죄 추가 기소와 관련하여 2022년 8월이 지나도록 아직도 대검찰청은 결론을 내리지 못하고 있다. 고 김홍영 검사가 세상을 떠난 지 6년이 지났다. 대검찰청은 6년 전 감찰조사 이후 가해 부장검사의 비위 사실이 해임 사유에는 해당되지만 처벌 사유는 아니라는 결론으로 유족들의 마음을 아프게 했다. 대검찰청 재항고 절차를 통해 이제는 그 잘못된 결정을 스스로 바로잡아 추가 기소를 진행해야 하지 않을까? 우리는 끝까지 지켜볼 것이다.

검사 김홍영은 우리와 함께 있다

국가배상 소송은 다행히 재판부의 조정 결정으로 2021년 6월 마무리되었다. 이 사건을 담당한 서울중앙지방법원 민사 20부(재판장 김형석 부장판사)는 단순히 금전 배상만이 아니라 국가와 검찰이 이행할 노력을 구체적으로 조정안에 담았다.

> 국가와 대검찰청은 김 검사의 사망에 영향을 미친 내부의 조직문화를 개선하고, 상호 소통과 상호 존중의 바람직한 조직문화 조성을 위해 노력하는 한편 김 검사를 비롯해 업무 수행 중 순직한 구성원을 기리기 위한 추모 공간을 대검찰청 부지 등 검찰 구성원이 자주 찾을 수 있는 곳에 설치할 수 있도록 노력하기로 한다.

고 김홍영 검사의 죽음이 헛되지 않기를 바라는 마음으로 시작한 국가배상 소송은 유족들의 바람대로 마무리되었다. 대검찰청은 조정안대로 추모 공간을 마련했다. 대검찰청 부지 내에 마련된 추모비에는 '김홍영' 이름 석 자와 그가 검사로 재직했던 기간인 '15. 4. 1.~16. 5. 19.'이 함께 새겨져 있다.

유족은 무료 변론을 해준 우리에게 감사 표시로 소정의 금원을 주셨고, 우리는 이 돈을 자체 공익변론 기금으로 사용하고 있다. 변호사 비용과 소송 비용을 마련하기 어려운 분들이 우리 사무실을 찾는 일이 올해도 많았는데, 그 기금을 통해 2022년 8월 기준, 14명을 구조할 수 있었다. 이 사건들에서 우리는 검사 김홍영과 함께 계속 질문을 던지고 있다. "지금 대한민국은 정의롭습니까?" 검사 김홍영은 우리와 함께 있다.

순번	구조 결정일	구조 대상자	사건 요약
2022-1	2022. 2. 8	크○○○○ (외국인)	임대차 관련 분쟁
2022-2	2022. 2. 8	강○○ (군 사망사고 가족)	부실조사 수사관 징계 요청 및 형사처벌
2022-3	2022. 3. 17	김○○ (성폭력 사건 피해자)	형사사건 열람등사 기록 목적 용도 외 사용
2022-4	2022. 3. 17	신○○ (발달장애인)	발달장애인 불법체포 사건
2022-5	2022. 3. 17	황○○ (중증지체장애인)	중증지체장애인 장애인 콜택시 탑승 거부 사건
2022-6	2022. 5. 13	안○○ 외 4 (학대 피해 장애인 유족)	장애인 시설 내 사망 후 국가배상 청구 사건
2022-7	2022. 5. 13	최○○ (학교폭력 피해자)	법원 상대 정보공개 청구 사건
2022-8	2022. 5. 20	김○○ (이주 인권 활동가)	이주 노동자 인권보호 활동 관련 형사 고소를 당해 형사변론
2022-9	2022. 5. 27	강○○ (군 사망 사고 가족)	군 사망사고 유족 시위 중 발생한 사건 관련 형사변론
2022-10	2022. 6. 7	타○○○○○○ (외국인)	난민 불인정 취소 사건
2022-11	2022. 6. 7	나○○○○○○○ (외국인)	난민 불인정 취소 사건
2022-12	2022. 6. 7	안○○ (해고 노동자)	직장 내 괴롭힘, 부당해고 사건
2022-13	2022. 7. 29	이○○ (정신장애인)	한정후견인 종료 사건
2022-14	2022. 8. 2	홍○○ (발달장애인)	장애인 노동력 착취 사건

과거 검찰의 흑역사에 대한
검찰의 오락가락 태도

동해안 납북 어부 사건에서 확인되는
검찰의 흑역사

50년 전 1972년 9월 7일 주요 일간지는 '납북 어선 7척 귀환, 납북 어부 166명 귀환' 소식을 전했다. 조업 중 북한에 끌려가서 생사도 알지 못하고 마음을 졸였던 가족들에게는 더할 나위 없는 뉴스였을 것이다. 그러나 납북 어부 166명은 가족들의 따뜻한 품에 안기지 못한 채 싸늘한 조사실로 향해야 했다.

그들을 기다리고 있는 건 공안 당국의 상징이었던 공안 검사 김동철. 조선일보 7면에는 '납북 어부 166명 귀환'이라는 제목과는 어울리지 않는 이런 내용이 담겼다. "춘천지검 속초지청 김동철 검사는 돌아온 어부들을 모두 반공법 및 수산업법 위반 혐의로 구속할 방침이라고 밝혔다." 귀환한 7척 중 탁성호 납북 과정은 1971년 8월 31일 경향신문 7면 '30명 탄 오징어 배 납북'이라는 제목의 기사에 잘 담겨 있다. "우리 어선은 먼저 북괴 쾌속정 1척에 의해 납치되고 있었는데 이를 해군 경비정이 발견, 출동하여 탁성호를 사이에 두고 6시간이나 대치, 구출하려 하였으나 하오 2시 40분쯤 저인양선으로 가장한 북괴 무장선박(50t급)이 접근, 탁성호를 강제 납북했다."

국가가 구출에 실패해 북한에 억지로 끌려갔다가 귀환 후 공안 사범으로 구속되어 억울하게 재판을 받아야 했던 이들은 탁성호 탑승 어부만이 아니다. 진실화해위원회 1기에서 반공법 위반, 수산업법 위반으로 선고된 1,327명의 판결문을 전수 조사한 결과, 피해자는 1,028명으로 집계되었다. 그러나 이들 중 재심을 통해 무죄를 받은 이는 50명도 채 확인되지 않는다.

진실화해위원회 2기는 1기 조사 결과를 토대로 본격적인 진실 규명에 나섰고, 속초시 등 지방자치단체도 진실 규명 신청을 독려하고 있다. 그러나 아직 피해자들과 유족들은 용기를 내지 못하는 게 현실이다. 혹여 당할 2차 피해에 대한 두려움과 트라우마 때문이다. 2021년 12월 10일 '동해안 납북 귀환 어부 피해자 진실 규명 시민모임'이 만들어졌고, 피해 단체는 지금도 숨어 지내는 납북 어부와 그들의 가족을 찾고 있다. 아직도 두려움과 트라우마에 시달리는 납북 어부 피해자들과 달리 공안 사범 만들기에 열을 올렸던 공안 검사들은 이후 승승장구했다. 속초지청 김동철 검사는 검찰의 꽃이라고 하는 검사장을 넘어 고검장, 법무부 산하 대한법률구조공단 이사장까지 역임했고, 당시 강릉지청에서 납북 어부 기소를 담당한 김태정 검사는 검찰총장과 법무부장관을 지냈다. 공적이 뚜렷한 사람에게 주어지는 근정훈장도 2개씩(황조, 홍조) 둘에게 나란히 주어졌다.

진실화해위원회 2기는 2022년 2월 23일 출범 후 첫 직권 조사 결정으로 1965년부터 1972년 사이 귀환한 982명(109척)을 선정했다. 그러나 우리는 여기서 이런 질문을 던지게 된다. "검찰의 흑역사 청산은 검찰 스스로 해야 하지 않을까?"

'최소한의 예의' 무죄 구형,
이게 최선일까?

10년 전 윤길중 진보당 간사의 반공법 위반 재심 사건에서 임은정 검사의 무죄 구형 이후, 검찰도 억울함이 입증된 사건에서 가끔 무죄 구형을 한다. 나도 2017년부터 과거사 재심 사건을 진행하며 검찰의 무죄 구형을 직접 목격했다. 처음 목격했던 날의 감동을 이렇게 정리해두었다.

> ### 검사의 구형, 변호인의 맞장구… 201호 법정에서 생긴 일[49]
>
> **재판장** : 검찰 구형 하시죠.
> **검사** : 무죄를 구형합니다.
> **재판장** : 변호인 최후변론 하시죠.
> **변호인** : 검사 구형대로 선고해주시기 바랍니다.
> **재판장** : 2021. 12. 15.(수) 오전 10시 선고하겠습니다.
>
> 지난 1일(2021년 12월 1일) 전주지방법원 군산지원 201호 법정에서 진행된 '반공법 위반' 재판은 검찰의 무죄 구형과 변호인의 맞장구로 마무리됐다. 보통 형사재판의 마지막을 장식하는 검찰의 엄벌 구형, 이에 맞선 변호인의 열띤 최후변론은, 이날은 볼 수 없었다. 이날 이루어진 증거 조사 절차에서도 공판검사 김지혜와 변호인은 형사재판에서 보기 드문 화기애애한 장면을 연출했다.
>
> **검사** : 공동 피고인들의 항소 이유서, 상고 이유서에 보면 고문을 당했다는 자필 기재 내용이 있습니다. 피고인에게 유리한 자료이기에 이 자료도 증거로 제출합니다.
> **변호인** : 피고인에게 유리한 자료까지 정리해 제출해주셔서 감사합니다.

과거사 사건에서 우리가 '공익의 대표자'인 검사에게 기대하는 건 바로 이런 모습이 아닐까? 그러나 너무나 아쉬운 건, 당사자들은 이미 고인이 되어 이 광경을 볼 수 없었다는 점이다. 만약 피고인들이 살아 있었다면 어떤 최후진술을 남겼을까? 아마도 감정에

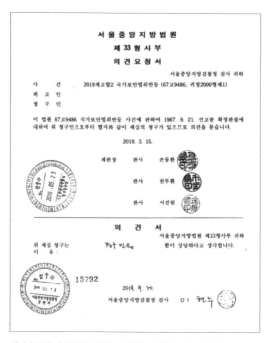

서 울 중 앙 지 방 법 원
제 33 형 사 부
의 견 요 청 서

서울중앙지방검찰청 검사 귀하

사　　　건　　2019제고합2 국가보안법위반등 (67고9486, 귀청2000형제1)
피　고　인
청　구　인

이 법원 67.고9486 국가보안법위반등 사건에 관하여 1967. 9. 21. 선고한 확정판결에
대하여 위 청구인으로부터 별지와 같이 재심의 청구가 있으므로 의견을 묻습니다.

2019. 3. 15.

재판장　판사　손동환

판사　천우환

판사　서진원

의　견　서

서울중앙지방법원 제33형사부 귀하

위 재심 청구는　인용　함이 상당하다고 생각합니다.
이　유 :

15792

2019. 9. 20.
서울중앙지방검찰청 검사　이　현주

재심 청구에 대해 인용 의견을 낸 이현주 검사의 의견 요청서

복받쳐 말을 잇지 못했을 것이다.

때로는 피고인의 재심 청구에 대해 재심이 인용되어야 한다는 의견을 내는 검사를 종종 만나기도 한다. 처음의 기억은 강렬해 담당 검사와 기습 인터뷰까지 진행해보았다.

재심 청구 사건 인용 의견을 제출한 서울중앙지방검찰청 이현주 검사에 대한 인터뷰는 재심 심문기일(2019년 11월 1일 오후 3시)을 마친 후 서울중앙지방법원 로비에서 단독으로 진행하였다.

나 : 원곡법률사무소 최정규 변호사입니다. 이걸 여쭤봐도 되는지 잘 모르겠지만 저희가 재심 청구에 대해 인용 의견을 낸 검사님을 처음 봐서 문의드립니다.
검사 : 네.

갑자기 명함을 건네며 던지는 질문을 마주친 검사는 예전에 구속영장을 청구했던 피의자가 출소 후 나타난 것이 아닐까? 하는 경계심을 가지다가 명함을 보고 다소 안심한 듯했다.

나 : 재심 인용 의견이 너무 인상적이어서. 이게 대검찰청에서 만든 재심 사건 메뉴얼에 의해 이루어진 것인지, 아니면 서울중앙지검 독자적 의견인지 궁금합니다.
검사 : 서울중앙지방검찰청 공안부에 의견 조회를 했고, 공안부에서 회신 온 의견을 전달하였을 뿐입니다. 일단 재심 개시 관련해서는 이견이 없습니다. 다만 재심 개시 이후 공소 유지에 대해서는 아직 입장을 전달받지 못했습니다.
나 : 네, 감사합니다.

하고 각자의 길을 갔다.

과거 억울한 누명을 쓰고 처벌받은 피해자 및 유족은 과거 기록을 찾는 첫걸음부터 쉽지 않다. 검찰청에 가면 국가기록원에 가라고 하고, 국가기록원에 가면 검찰청에 가라고 한다. 검찰의 흑역사로 인한 피해 극복은 오로지 피해자와 가족들의 몫인가? 검찰은 그저 그들의 노력에 무죄 구형이나 재심 인용 의견으로 숟가락만 얹고 생색만 내면 되는 것일까? 형사소송법 제424조는 재심 청구권자를 규정하고 있고, 재심 청구권자 1호는 피해자도 유족도 아닌, 바로 검사다. 형사소송법 제424조(재심 청구권자) 다음 각 호의 1에 해당하는 자는 재심의 청구를 할 수 있다.

1. 검사
2. 유죄의 선고를 받은 자
3. 유죄의 선고를 받은 자의 법정대리인
4. 유죄의 선고를 받은 자가 사망하거나 심신장애가 있는 경우에는 그 배우자, 직계친족 또는 형제자매

검찰의 직권 재심 청구는 왜 이루어지지 않는가?

2021년 12월 15일, 군산지원에서 고 양재천, 고 임도수 씨는 1969년 2월 15일에 받은 유죄판결에 대한 재심 사건에서 52년 만에 무죄판결을 받았다. 이례적으로 검찰은 무죄 구형을 하였고, 항소하지 않아 그대로 확정되었다.[50]

전주지방법원 군산지원 68고2184 반공법 위반, 수산업법 위반 판결을 통해 유죄판결을 받은 분은 고 양재천, 고 임도수 씨 이외

5명이 더 있다. 여러 방면으로 수소문해서 4명의 유족들과 연결이 되었지만, 가장 무거운 판결(징역 3년)을 받은 고○○ 씨의 유족은 찾을 수가 없었다. 고○○ 씨의 명예를 회복할 수 있는 유일한 길은 형사소송법에 마련되어 있다. 바로 검찰의 직권 재심이다.

2017년 9월 17일 대검찰청은 "과거 인권침해 사건에 대해 검사 직권으로 재심 청구"의 보도자료를 통해 과거 권위주의 정부 시절 검찰이 적법절차 준수와 인권보장의 책무를 다하지 못했다는 지적을 받아온 일부 시국 사건들을 재점검하여, 우선 6건 18명에 대해 검사 직권으로 재심을 청구했다고 밝혔다. 그리고 검사 직권으로 재심을 청구할 필요성이 있는 사건들을 전반적으로 점검함으로써 공익의 대표자로서 검사의 소임을 다하도록 노력하겠다고 했다.

그러나 이후 검사가 직권으로 재심 청구했다는 소식은 자주 들리지 않고 있고, 현재 해당 보도자료는 대검찰청 홈페이지에서도 사라졌다. 아직도 검찰은 피해자들의 진실 규명 요청에 소극적으로 반응할 때가 많은데, 과거사에 대한 검찰의 반성과 자성의 목소리가 진심이었는지 의심스럽다. 진실화해위원회가 피고인의 명예 회복을 위한 재심 절차 진행을 권고했지만 달라진 건 없다. 검찰은 직권 재심 청구를 하지 않고 있다.

춘천지방법원 속초지원은 2022년 6월 16일, 1969년 납북 귀환 어부인 풍성호, 건설호 선원들의 유족이 청구한 재심 청구에 대해

	대검찰청 대변인실 전화 02 3480 2100 팩스 02 3480 2704	보 도 자 료 2017. 9. 15.(금) 자료문의 : 공안기획관실 공안기획관(이수권) 전화번호 : 02-3480-2310

제 목 과거 인권침해 사건에 대해 검사 직권으로 재심 청구
― 진실화해위원회 재심 권고 대상 사건 중 6건 18명 1차 청구 ―

- 대검찰청 공안부는 과거 권위주의 정부 시절 검찰이 **적법절차 준수와 인권보장의 책무를** 다하지 못했다는 지적을 받아온 일부 시국사건들을 재점검하여, 우선 '**태영호 납북 사건**'과 관련해 1975년 유죄판결을 받은 박○○('81. 11. 사망) 등 **6건 18명**에 대해 **검사 직권으로 재심을 청구**하기로 하였음

- 이번 재심 청구 대상 사건들은 '**진실과 화해를 위한 과거사정리 위원회**'(2006. 5. ~ 2010. 6.)가 **재심을 권고한 73건**의 사건 중 공동피고인들의 **재심 무죄 판결**이 있었음에도 현재까지 일부 피고인들로부터 재심이 청구되지 않은 **총 12건(29명)의 사건들 중 일부**임

- 앞으로, 진실화해위원회의 재심 권고 사건 중 나머지 **6건 11명**에 대해서도 순차적으로 **재심을 청구**하고, **검사 직권으로 재심을 청구할 필요성이 있는 사건들을 전반적으로 점검**함으로써 공익의 대표자로서의 검사의 소임을 다하도록 노력하겠음

과거 인권침해 사건에 대해 검사 직권으로 재심을 청구하겠다는 내용의 대검찰청 보도자료

재심 개시를 결정했다(춘천지방법원 2022. 6. 16.자 속초지원 2022재고단 20, 21 결정). 풍성호, 건설호의 납북 귀환 어부들이 반공법 위반 등으로 처벌된 지 약 53년 만에 재심이 개시된 것이다.

재심이 개시된 사건은 2기 진실화해를 위한 과거사정리위원회 (이하 '2기 진화위')가 2022년 2월 8일 조사를 개시한 이후 처음으로 납북 귀환 어부에 대해 진실 규명 결정을 한 사건이다. 2기 진화위

는 위 결정에서 국가가 피해자들에게 사과할 것을 권고했다. 또 피해와 명예를 회복시키기 위해 형사소송법이 정한 바에 따라 재심 등의 화해를 위한 적절한 조치를 취하라는 권고를 내린 바 있다.

2기 진화위의 진실 규명 결정 이후 재심 개시 결정에 이를 때까지 국가는 아무런 조치를 취하지 않은 점에 주목할 필요가 있다. 피해자들은 진실 규명 결정 이후 관련 기관의 적극적인 조치를 기대했지만 결국 기다림에 지쳐 우리 위원회에 변론 지원을 요청했다. 그렇게 법원에 재심 청구서를 제출한 후 진실 규명 결정이 내려진 지 약 4개월이 지나서야 법원의 재심 개시 결정이 선고된 것이다.

과거사정리법 제36조(피해 및 명예 회복)는 '정부는 규명된 진실에 따라 희생자, 피해자 및 유가족의 피해 및 명예를 회복시키기 위한 적절한 조치를 취하여야 한다'고 규정하고 있다. 그러나 진실 규명 결정에 담긴 권고 사항에 따라 국가를 대표하여 관련 업무를 추진해야 할 법무부는 2기 진화위로부터 공문으로 통보를 받지 못했다는 책임 회피식 답변으로 일관하고 있고, 검찰 또한 형사소송법상 직권으로 재심을 청구할 수 있는 권한을 스스로 포기했다.

2기 진화위는 동해안 납북 귀환 어부 983명에 대한 직권 조사를 진행하고 있다. 정부는 진실 규명 결정 이후 직권으로 재심을 청구하는 등 적극적으로 나서 이들의 피해 및 명예 회복에 나서야 할 것이다. 진실 규명 결정 이후에도 피해자가 스스로 법원에 재심 청구를 제출해야 하는 등 과거사정리법의 취지가 몰각되는 일이 더 이상 발생해서는 안 될 것이다.

최소한의 예의도 없다, 끝까지 잔인하고 파렴치한 '검찰권' 행사

진실 규명에 있어 소극적인 것을 넘어 검찰이 잔인하고 파렴치한 모습을 보여줄 때도 있다. 국가는 불법 고문과 불법 감금으로 납북 어부들의 인격권을 짓밟았다. 그리고 그 상태에서 재판은 진행되었다. 납북 어부들의 인격권을 짓밟아 얻어낸 '자백'만을 유일한 증거로 그들은 유죄 선고를 받았다.[51]

그런데 50년이 지난 재심 사건에서 전주지방검찰청 군산지청은 납북 어부들의 일부 법정 증언(고문을 당했다고 용기 있게 진술한 내용)을 꼬투리 잡았다. 수사기관의 진술과 법정에서의 진술을 분리해 법정에서의 진술은 증거 능력이 있다는 주장을 펼친 것이다. 법적으로 분리될 수 있을지 모르지만, 그들이 놓여 있는 상태를 생각해보면 그 주장이 얼마나 '잔인하고 파렴치한' 것인지 알 수 있다.

그 당시 법정에 서 있는 납북 어부들은 불법 고문과 불법 감금에서 해방된 상태가 아니었다. 재판정에서 진술하는 한마디로 인해 더 심한 고문을 당할 수 있는 절체절명의 순간이었다. 그럼에도 일부 피고인은 죽을 각오를 하고 그런 이야기를 한 것인데, 검찰은 이제 와서 그 용기 있는 행동을 꼬투리 잡아 '법정은 자유롭게 이야기할 수 있는 분위기였다'고 주장하며, 그 법정에서 이루어진 진술은 유죄의 증거로 사용되어야 한다는 주장을 펼치는 것이다. 이게 정말 공익의 대표자인 검찰이 할 소리인가?

법원 1심의 재심 무죄에도 불구하고 검찰은 항소를 제기했고 결국 항소가 기각될 때까지 수개월 동안 피해자들은 마음을 졸여야 했다. 검찰은 공익의 대표자로서 과거 자신들의 잘못을 시정하기 위해 더 적극적으로 노력해야 할 것이다.

국가기록원이 보관하고 있던 한삼택 씨의 형사사건부(오른쪽 칸)

검찰 작성 서류보다 법원 작성 서류가
더 신빙성이 있다고 주장하는 검찰

1970년 평화롭던 제주의 한 학교가 느닷없이 간첩 사건에 휘말린 사건이 발생했다. 학교에 기부금을 보내준 재일동포 가운데 조총련계 인사가 끼어 있었다는 이유였다. 그 당시 학교 서무과 직원이었던 고 한삼택 씨와 교직원들은 국가보안법 위반으로 서울로 압송되어 재판을 받아야 했다. 한삼택 씨는 세상을 떠났지만 아버지의 명예 회복을 위해 자녀들은 50년이 지난 2021년 재심을 청구했다. 자녀들은 아버지가 제주에서 서울로 압송되어 가는 과정부터 불법이었으니 다시 재판을 열어달라는 주장을 펼치고 있고, 검찰은 불법 구금의 뚜렷한 증거가 없으므로 재심이 개시되어서는 안 된다는 입장을 고수하고 있다.

그러던 중 국가기록원이 보관하고 있던 형사사건부에 불법 구금의 흔적이 확인되었다. 형사사건부는 검찰 사건 사무 규칙에 의거하여 사건 관리를 위해 검찰이 작성하는 공식적인 문서다. 구속 일자, 석방 연원일 및 사유, 석방 취소일 및 사유 등을 명백하게 규정하도록 되어 있다.

형사사건부 구속 일자에 '경찰 1970. 9. 29.'로 기재되어 있다. 구속영장 발부 일자인 1970년 10월 8일이 아닌 1970년 9월 말 아버지가 체포되었다는 재심 청구인들의 진술에 부합하는 증거가 국가

기록원에 보관된 형사기록부에서 확인된 것이다. 재판부도 검찰에 그에 대한 해명을 요구했는데, 검찰이 3개월 만에 이런 답변을 의견서에 담아 제출했다.

이 사건은 발생 당시로부터 50여 년이 경과하였고 당시 담당 수사관들도 현재 현직에 있지 아니하여 구체적인 경위에 대한 확인이 어렵기는 하나, 변호인이 제출한 형사사건부는 재심 대상 사건 재판에 증거로 제출된 서류가 아닌 수사기관의 내부 서류로 보이는 바, 그보다는 **법원에서 발부한 구속영장이 보다 신빙성 있는 공문서**라고 할 것이므로 피고인에 대한 구속영장을 기준으로 피고인의 구속 여하를 판단함이 상당할 것입니다.

— 검찰 답변서 중 해당 내용 발췌

"형사사건부는… 수사기관의 내부 서류로 보이는 바, 그보다는 법원에서 발부한 구속영장이 보다 신빙성 있는 공문서…."

아무리 그래도 그렇지 대한민국 최고 수사기관인 검찰이 자기들이 생산한 문서보다 법원이 생산한 문서가 더 신빙성이 있다고 강변하는 이 애처로운 모습을 우리는 어떻게 봐야 할까?

이러한 태도는 과연 옳은가? 과거사 재심 사건에서 공익의 대표자인 검사가 직권으로 재심 청구를 할 용기는 없더라도 최소한 재심 사유와 관련한 객관적인 자료, 그것도 검찰이 스스로 작성한 문서에서 이런 부분이 명확하게 확인되었을 때는 인정하고 받아들여야 하지 않을까? 이런 식으로 재심 청구 주장을 억누르고 객관의무 따위는 포기한 채 그저 이겨먹어야겠다는 불량스러운 태도를 우리는 정말이지 언제까지 봐야 할까?

의견도 안 내고, 기일에 나오지도 않고 :
검찰 흑역사에 대한 검찰의 묵비권 행사

기후 변화로 기록적 폭우가 내렸던 2022년 8월 8일, 서울 강남 한복판에서 사람이 물에 휩쓸려 사망했던 그다음 날인 8월 9일, 춘천지방법원에서 진행하는 재심 사건 심문기일에 참여하기 위해 아침부터 고민이 깊었다. 8월 8일 지하철과 기차가 멈추는 일이 많았기에 춘천까지 차를 가져가야 하나, 아니면 그래도 대중교통을 이용해야 하나 고민하다 오후 4시 30분 재판에 맞춰 가기 위해 일찍부터 춘천으로 향했다.

당사자인 이성국 씨도 마찬가지였다. 경남 통영에 거주하며 여전히 기관장으로 조업에 나서야 했던 이성국 씨는 그날 새벽에 조업을 마치고 제대로 잠도 못 잔 채 춘천까지 부지런히 오셔야 했다.

서울에 정체되어 있던 비구름이 경기북부, 강원도로 옮겨졌는지 춘천법원에는 비가 억수처럼 내렸다. 이성국 씨는 17세였던 1971년 10월 25일 속초에서 명성3호에 승선했다가 납북되어 11개월 만에 남쪽으로 돌아왔으나, 구타와 고문을 받으며 허위 진술을 강요받았고 결국 1972년 11월 24일 국가보안법 위반 등 혐의로 징역 1년에 집행유예 2년을 선고받았다.

50년 만에 춘천지방법원에서 새롭게 열리는 재판, 그런데 재판장은 10분 동안 재판 진행을 하지 못했다. 검사가 출석하지 않았기 때문이다. 재판장도 이 상황이 매우 당황스러웠는지 법원 실무관을 통해 공판검사의 출석을 챙겼고, '오늘 재판은 참석하지 않겠다'는 검사의 뜻을 확인한 후 검사 불출석 상태에서 심문기일이 진행되었다. 재심 사건 심문기일에 검사의 출석이 의무는 아니다. 그런데 우리 입장에서 이 불출석이 매우 불편했던 건 6개월 동안 검사가 재심에 대해 아무런 의견을 내지 않았기 때문이다.

형사소송법 제432조(재심에 대한 결정과 당사자의 의견)는 "재심의 청구에 대하여 결정을 함에는 청구한 자와 상대방의 의견을 들어야 한다"고 규정하고 있다. 그럼에도 의견서도 안 내고 심문기일에도 참석하지 않는 이 상황은 정상적이지 못하다. 마침 검사의 이례적 불출석에 관심을 가진 언론사 기자가 춘천지방검찰청에 문의한 결과 이런 답변이 나왔다.

"의견을 어떻게 정리할지 검토 중이라서 재판에 출석하지 않았고, 아직 의견서를 내지 않은 것이다."[52]

공익의 대표자인 검사는 늘 왜 이리 당당할까? 6개월 동안 의견서를 안 내고, 재판에 출석을 안 해도 이렇게 당당한 모습에 '이제는 당황하지 않겠다, 화내지 않겠다'고 아무리 마음을 먹어도 내공이 부족한 탓인지 그게 잘 안 된다. 나는 이날을 이렇게 기록해두었다.

"검찰 흑역사에 대한 검찰의 묵비권 행사? 자기가 싼 똥은 스스로 치워야 할 것이 아닌가?"

5장

검찰 밥상 걷어차기 :
우리가 만드는
새로운 검찰 시스템

우리가 직접
나서야 하는 이유

검찰청 1인 시위자, 그가 이끄는 검찰 개혁에 거는 기대

"노 전 대통령이 뛰어내린 바로 전날 10만 원권 수표가 입금된 거액의 차명계좌가 발견됐지 않습니까, 그거 때문에 뛰어내린 겁니다."

2010년 3월 31일 그 당시 서울지방경찰청장이었던 조현오 전 경찰청장은 경찰기동대 대상 특강에서 이렇게 말했다. 이 같은 사실이 뒤늦게 알려지면서 노무현 전 대통령 유족은 노무현 대통령의 명예를 훼손했다며 조현오 전 경찰청장을 검찰에 고소했다. 2010년 8월 제16대 경찰청장이 된 조현오에 대한 검찰의 수사가 신속하게 진행되지 못하자 당시 노무현재단 이사장이었던 문재인은 서울중앙지방검찰청 문 앞에서 1인 시위를 진행했다.[53]

그때의 1인 시위자가 대통령이 되었다. '1인 시위자가 대통령이 되어 이끄는 검찰 개혁이라면 제대로 진행되지 않을까?' 문재인 정부에서 검찰 개혁을 국정과제로 거론하며 개혁을 추진했을 때 나는 개인적으로 큰 기대감을 가졌다.

문재인 정부의 검찰 개혁, 성공이라고 부를 수 있을까?

결론부터 이야기하자면 문재인 정부 5년 동안 추진된 검찰 개혁 과정을 지켜보면서 나는 이런 의문을 가지게 되었다.

"이런 개혁으로 검찰의 권력이 시민의 품으로 돌아올 수 있을까?"

문재인 정부의 검찰 개혁을 한마디로 표현하면 '비대해진 검찰 권력의 슬림화'다. 국민들의 인권보호를 위해 검찰이 만들어졌고 그 검찰에 힘을 실어주었는데, 검찰이 부여받은 권한으로 무소불위의 권력을 휘두르고 있으니 이를 그대로 봐줄 수 없다는 것이다.

검찰이 무소불위의 권력을 휘두르는 것에 대한 국민의 반감도 그 개혁 방향에 힘을 실었다. 앞서 4장에서 살펴본 이야기들이 소설이 아닌 현실로 뉴스를 통해 알려질 때마다 국민들은 눈살을 찌푸렸다. 비대해진 검찰 권력을 슬림화하는 다이어트가 필요하다는 데 반대할 국민을 찾기는 어려웠다.

그러나 우리가 다이어트 과정에서 흔하게 겪는 요요현상처럼 문재인 정부에서 진행한 검찰 권력 다이어트도 심각한 요요현상을 겪고 있다. 문재인 정부에서 추진했던 검찰 개혁 과제들이 윤석열 정부에 와서 백지화되거나 그 의미가 퇴색하고 있기 때문이다. 국민 대다수의 동의를 받고 추진했던 문재인 정부의 검찰 개혁은 왜 성공적으로 마무리되지 못했던 걸까?

비대해진 검찰 권력을 슬림화하는 것은 필요하다. 그러나 '검찰 권력을 축소하기만 하면 검찰 개혁은 다 이루는 것이다'는 식의 생각은 위험하다. 검찰의 비대한 권력을 분산해 경찰이든 공수처든 나누자는 논의만큼 중요한 건 검찰 권한의 핵심인 기소권에 대해 통제장치를 만드는 것이다. 그리고 검찰의 높은 문턱을 낮춰 시민들이 쉽게 검찰 서비스를 이용하게 하는 것이다.

일반 시민들에게 수사기관은 내 억울함을 경청하고 해결해주는 기관이 아니라 오히려 부딪히면 부딪힐수록 더 절망감만 안겨주는 것으로 전락한 상황. 국민이 수사기관에 부여한 권한 자체가 국민을 위해 제대로 작동되지 않는 상황에서, 그 권한을 분산하는 정책만을 검찰 개혁의 과제처럼 밀어붙이는 모습은 이런 한탄 섞인 질타가 나올 법했다.

"뭣이 중헌디?"

오히려 검찰 개혁은 시민들에게 피로감을 주는 주제가 되었다. 검찰 개혁의 실패보다 어쩌면 이 피로감이 가장 큰 문제일 것이다. 실패는 성공의 어머니라고 하지만 피로감은 또 다른 시도를 할 엄두를 못 내게 하기 때문이다. 그래서 문재인 정부의 검찰 개혁 과정이 몹시 아쉽다.

개혁의 대상인 검찰이
피해자라고 호소하는 요지경

검찰의 직접 수사권을 제한하는 검찰·경찰 수사권 조정과 공수처 설립이 주요 골자였던 검찰 개혁 시즌 1은 검찰에 집중된 권력을 분산시키는 정책으로 특별한 불협화음 없이 진행되었다. 속마음은 모르겠지만 검찰 또한 이 제도 시행에 반기를 들지 않았다. 경찰 업무가 과중되어 사건 처리가 지연되는 등 부작용도 있었지만 다시 원점으로 돌리자는 주장은 검찰 내에서도 공식적으로 제기되지 않았다.

검찰 권력 슬림화는 여기까지 하고 기소권에 대한 시민 통제 마련 등 시민들의 삶에 직결되는 제도 개선에 힘을 쏟으면 좋았으련만 엉뚱하게도 2022년 대통령 선거 직후 문재인 정부의 검찰 개혁 시즌 2가 광풍처럼 몰아쳤다. 윤석열 정부가 시작되면 검찰 개혁을 완성하지 못한다며 다급하게 밀어붙인 검찰 개혁 시즌 2는 검찰의 공식적인 반발을 불렀다.

"개정안은 범죄 외면법, 범죄 방치법입니다. 검수완박, 누구를 위한 것입니까? 피해는 국민 여러분께 돌아갑니다."

개혁의 대상인 검찰이 SNS를 통해 버젓이 자신들의 반대 목소리를 냈다. 검찰 개혁 시즌 1 때와는 달리 검찰이 당당한 태도로 반대 입장을 내는 모습은 문재인 정부의 검찰 개혁 시즌 2가 얼마나 어설프게 진행되었는지를 알려준다. 검수완박(검찰 수사권 완전 박탈)이 아닌 검수덜박(검찰 수사권 덜 박탈)이라는 우스갯소리가 나올 정도로 개정안은 추진 과정에서 어설프게 바뀌었다. 경찰의 수사 결과에 대해 이의를 제기하여 검찰 수사가 진행될 수 있게 하는 권한을 고소인과 피해자에게만 부여하고, 고발인에게서는 그 권한을 빼앗은 것이다. 검찰의 수사 권한 축소에만 집중하느라 정작 중요한 지점을 놓친 셈이다. 이에 인권 전문가들로부터 시민들의 권리

대검찰청 페이스북 페이지에서 확인되는 포스터

옹호에 역행한다는 비판까지 받게 되었다. 우여곡절 끝에 통과된 형사소송법, 검찰청법 개정 법률은 2022년 9월 10일부터 시행되고 있다.

일련의 과정을 보며 나는 이런 생각을 하게 되었다.

"검수완박, 검수덜박…. 이런 제도 개혁이 100번 진행된다고 해도 검찰의 권력이 주인인 시민의 품으로 돌아올 수 없다. 민원실에서 문전 박대당하는 시민은 계속 문전 박대당할 수밖에 없다. 더 이상 개혁을 정치인들에게 맡길 수 없다. 누가 대신 차려주는 밥상은 걷어차고 이제 시민들이 직접 밥상을 차려야 한다."

그리고 다시 이 문구에 닿았다.

"어떤 일이 할 만한 가치가 있다면, 서투르게 할 만한 가
치도 있다(If a thing worth doing, it is worth doing badly)."

G.K. 체스터턴(영국 소설가·평론가)

서투르지만 밥상을 차려본다. 소박하더라도 우리가 차린 밥상
이 진짜 개혁이다.

검찰 개혁의 기본 방향 :
수사기관의 '편의' 아닌 시민들의 '편리'

수사기관의 주인은 누구?

전작 《불량 판결문》에서 나는 이런 질문을 던졌다. "법원의 주인은 누구인가?" 내가 법조인이 되고 20년 동안 붙들고 있던 질문이었다. 법정에 들어갈 때마다, 법대 위에 앉아 있는 판사들을 볼 때마다 내가 당당하지 못하고 주눅이 들었던 건 그 질문에 대한 답을 제대로 찾지 못했기 때문이었다. 그러나 법원의 주인이 판사가 아니라 바로 시민, 그 시민의 권리 옹호를 위한 변호사인 나라는 답을 찾았을 때 나는 어깨를 펴고 당당해질 수 있었다.

여기서 나는 다시 이런 질문을 던진다. "검찰, 더 나아가 수사기관의 주인은 누구인가?" 이에 대한 답은 특별히 말하지 않겠다. 혹시 이 책을 여기까지 읽었음에도 이 질문에 대한 답을 찾지 못했다면 자책하지 마시길 바란다. 그건 독자들의 잘못이 아니라 작가인 내 잘못일 테니 말이다.

이 질문에 대한 답을 찾았다면, 수사 과정에서 수사기관의 편의에 따라 시민들이 겪어내야 할 불편함이 당연한 것이 아니라고 느낄 것이다. 여기서 나는 내가 느낀 불편함들을 나열해본다. 물론 내가 여기서 이야기하는 것이 불편함의 전부라고 우길 생각은 없다. '수사기관의 편의'라는 수사기관이 씌어준 색안경을 던져버리고, '시민들의 편리'라는 참안경을 쓰게 된다면 우리 누구나 지금껏 보이지 않았던 문제들이 보일 것이며, 우리는 당당히 요구할 수 있을 것이다. 더 이상 속지 않을 테니 지금의 불합리한 검찰 시스템을 당장 바꾸라고.

전 국민 서면 조사 시대를 열자!

2022년 8월, 〈롤모델 김건희… Hal su it da, 나도 박사가 될 수 있다!〉는 제목의 칼럼이 화제가 됐다.[54] 자유 기고가 김소민 씨는 이 칼럼을 통해 윤석열 대통령의 부인 김건희 여사의 논문 표절과, 이에 대한 국민대 총장 및 교수의 대응 등 논란이 되고 있는 상황을 자기만의 어법으로 풍자했다.

윤석열 대통령과 김건희 여사는 우리 시대의 롤모델이다.
국민대가 '멤버 유지'를 영문으로 'member Yuji'라고 쓴 논문 등 김 여사의 표절 의혹 논문 세 편을 "통상적으로 용인되는 범위"라며 유지했을 때, 나는 희망에 부풀었다. 나도 박사가 될 수 있다! 김 여사의 용기 있는 논문은 전 국민 박사 시대를 여는 포석 아니겠는가.

(중략)

여사의 'Yuji 논문' 유지는 해방 선언이다. 드디어 영어의 굴레에서 벗어날 수 있는 길이 열렸다. 영어 잘해보겠다고 한국의 아이들은 얼마나 학대당하나. 이제 영어 단어 생각이 안 나면 한국말 발음을 알파벳으로 쓰면 된다. (중략)

역사가 기억할 것이다. 예스, 위 캔 두 잇. Hal su it da.

내가 이 칼럼을 언급한 이유는 최근 김건희 여사를 롤모델로 하여 의미 있는 결정을 받아냈기 때문이다. 롤모델을 정하고 따라 해보는 방식이 이번이 처음은 아니다. 그리고 늘 성공하는 것은 아니고 실패할 때가 더 많다(이재용, 한동훈을 롤모델로 하여 검찰수사심의위원회 소집을 신청했다가 문전 박대당한 뼈아픈 실패담은 2장에 상세히 설명한 바 있다).

최근 경찰 조사를 받아야 하는 의뢰인을 만났다. 그녀는 아들을 군에서 잃은 군 유가족이었다. 의무 복무 중 첫 휴가를 받고 나온 아들은 극단적 선택을 했고, 군은 이 죽음이 우리와는 아무 상관이 없다는 '일반사망' 판정을 했다.

평소 아들이 그렇게 나약한 아이가 아니었기에 아무 일도 없는데 그런 선택을 할 리가 없다고 확신한 어머니는 아들이 남긴 유품인 일기장을 뒤져가며 군 생활 중 아들이 겪은 부당한 대우를 추적했다. 무리한 당직 명령으로 인한 수면 부족, 행보관의 괴롭힘 등을 밝혀냈고, 국가인권위원회의 재심사 권고를 받아내서 '순직' 결정을 이끌어냈다. 2년에 걸친 싸움을 마치고 그녀는 최초로 아들 사망 사건을 수사한 수사관의 처벌과 징계를 촉구하는 두 번째 싸움을 시작했다. 그것이 아들의 죽음을 헛되이 하지 않는 길이라 생각했기 때문이다.

부대 앞 1인 시위, 언론 인터뷰 등 할 수 있는 건 다 하고 있는 그녀는 갑자기 경찰서로부터 출석해서 조사를 받아야 한다는 연락을 받았다. 부실수사를 한 군 수사관이 자기의 명예가 훼손되었다며 고소장을 제출했기 때문이다. 나는 어머니의 변호인이 되어 이 사건의 무료 변론을 맡았다. 우울증 약으로 버티고 있는 의뢰인을 모시고 경찰 조사를 받아야 하는 것을 피할 수 없을까? 나의 고민은 깊어졌다.

그러던 중 윤석열 대통령 부인 김건희 여사가 '허위 경력'에 대한 경찰 조사를 서면으로 받고 있고, 50일 넘게 서면 조사 답변을 회신하지 않았다는 언론 보도를 보았다. '바로 이거다!'라고 생각한 나는 경찰서에 서면 조사를 요청하는 서면을 정식으로 발송했다.

피의자가 경찰서에 출석하여 조사를 받는 것이 감내하기 어려운 고통을 야기할 수 있음은 넉넉히 추단된다고 할 것이고, 출석 조사로 건강이 악화될 것이 심히 염려되는 상황입니다.

근거 규정도 찾았다. 경찰수사규칙 제39조(조서와 진술서) 제3항 "사법경찰관리는 피의자 또는 피의자가 아닌 사람의 진술을 듣는 경우 진술 사항이 복잡하거나 진술인이 서면 진술을 원하면 진술서를 작성하여 제출하게 할 수 있다."

한 달이 지나도 오지 않던 답변이 드디어 담당 수사관으로부터 왔다. 우리의 요청을 받아들여 서면 조사로 진행하자고 하며 이메일을 보내온 것이다.

서울관악경찰서 ○○○ 수사관입니다.
2022.08.26. 17:17

변호사님 우편 조서 한글 파일 형태로 보내드립니다.
컴퓨터로 작성하시려면 간인 반드시 해주시고
신문조서에 공란 없이 꼼꼼하게 정보 기입을 부탁드립니다.
회신 기다리겠습니다. 감사합니다.

관악경찰서 담당 수사관으로부터 이메일로 받은 내용

수사기관은 피의자 또는 참고인 조사에 있어 출석 조사를 원칙으로 하고 있다. 그러나 반드시 그러해야 할까? 사실관계에 대해 다툼이 심하고 대질신문 등을 진행할 사안이면 몰라도 단순히 사실관계를 묻는 질의응답은 서면 조사로 충분하지 않을까? 어차피 올해부터는 검찰에서 작성한 피의자 신문조서도 법정에서 "그 내용을 인정할 수 없습니다"라고 말하면 증거 능력이 없어지는 상황에서 말이다.

이 모든 생각과 시도는 김건희 여사의 '서면 조사'에서 시작되었다. 김건희 여사를 롤모델로 하여 이제는 우리도 서면 조사를 받을 수 있다. 이는 수사기관의 기존 낡은 조사 방식인 출석 대면 조사를 서면 조사로 획기적으로 바꿀 수 있는 일이며, 수사 과정에 있어 수사기관이 아닌 '시민의 편의'라는 새로운 패러다임을 가져올 수 있는 일이다. 이 역사적 전환에 김건희 여사가 기여한 바는 크다고 할 수 있다. '예스, 위 캔 두 잇. Hal su it da! 서면 조사!'

사건 처리 결과 통지, 이게 최선일까?

얼토당토않은 일로 고소를 당해 경찰 조사를 받는 분을 조력한 일이 있었다. 경찰에 출석해서 수사를 받는 일까지는 그래도 참으셨는데, '사건 처리 결과 통지' 우편이 문제였다. 경찰 수사 결과를 우편으로 받아본 그분의 어머니가 쓰러져 응급실로 실려 간 것이다. 분노를 표하는 그에게 죄송하다는 말을 연신 내뱉었다. 내 잘못으로 벌어진 일은 아니지만 경찰 수사 결과가 집으로 통보될 것이라는 말을 미처 드리지 못했다는 생각 때문이었다.

나도 피의자가 되는 경험을 한 적이 있다. 2018년 발생한 고양 저유소 화재 사건 피의자를 변호하며 당시 경찰의 강압 수사 정황이 담긴 영상을 모자이크나 변조 없이 언론에 제보해 개인정보보호법 위반 혐의 등으로 수사를 받게 된 것이다. 수사를 받는 과정은 생각보다 매우 고통스러웠다.

'사건 처리 결과 통지', 친절한 행정 서비스일까, 개인정보 침해일까?

경찰 수사를 마치고 얼마 후, 우리 집 우편함에는 서울 영등포경찰서장 명의의 편지 한 통이 꽂혔다. 경찰청 마크까지 선명히 찍혀 있는 편지. 그건 바로 '사건 처리 결과 통지', 고소를 당해 수사를 받은 사건의 처리 결과를 알려주는 편지였다. 이 제도가 언제부터 시작되었는지는 모르겠지만 그 의도는 사건 처리 결과를 경찰서에 연락해 확인하는 수고를 덜어주려는 친절한 서비스의 하나로 도입되었을 것이다.

경찰 수사 후 집으로 온 사건 처리 결과 통지서

그러나 이 제도는 원래 의도와는 달리 당사자인 나에게는 매우 불쾌함을 주었다. 왜냐하면 이 사건을 검찰청에 송치했다는 내용을 문자 메시지로 이미 통보받았고, 수사관에게 연락하여 그 결과도 확인했는데, 내가 요청하지도 않은 결과 통지서가 등기우편도 아닌 일반우편으로 보내졌기 때문이다.

우리는 이러한 경우를 많이 경험했다. 집으로 배달되는 성적표, 불합격 통지서, 건강검진 결과지 등. 가족도 그 내용을 공유하고 싶지 않아 내가 가장 먼저 우편함에서 발견하고 싶은 편지들, 그래서 그 편지가 올 것 같은 날엔 우편함 앞에서 언제 도착할지 모를 우체부 아저씨를 마냥 기다렸던 날들이 떠오른다.

그러나 늘 그런 행운이 우리에게 따르는 건 아니다. 그런 행운은 나에게 없었다. 그 편지가 우체통에 꽂혔을 때 나는 사무실에 있었기 때문이다. 그 편지를 가장 먼저 확인한 건 아내였다. 다행히 충격을 받고 응급실에 실려 가는 일은 일어나지 않았다. 미리 경찰 수사 과정과 결과를 아내와 공유했기 때문이다.

그렇게 아내로부터 건네받은 편지에는 내가 무슨 죄명으로 조사받고, 어떤 의견으로 송치되었는지에 대한 내 개인정보가 고스란히 다 적혀 있었다. 등기우편도 아닌 일반우편으로 보내진 이 편지가 만약 우체부 분들의 사소한 실수로 옆집에 꽂히고, 옆집 아이가 자기 집에 온 편지라 생각하고 그냥 뜯어봤다면 내 개인정보는 그대로 옆집 사람들에게 노출되었을 것이다. 그렇다고 옆집 사람들을 비밀 침해죄로 처벌해달라고 할 수도 없을 노릇이다.

우편이 도착한 다음 날 마침 엘리베이터에서 마주친 옆집 아이는 무슨 일이 있었는지 내 인사를 제대로 받지 않았다. 혹시 옆집 아이가 우편함을 착각해 편지를 열어본 것은 아닐까? 아니 뜯어보지는 않았더라도 발신인 란에 커다랗게 그려진 경찰 마크를 보고 나를 경계하는 것은 아닐까? 물론 나의 이런 상상은 당시 내가 예민했기 때문일 것이다. 그러나 이 일로 인해 비로소 나는 이런 의문을 가지게 되었다.

'경찰이 일반우편으로 보내주는 사건 처리 결과 통지는 과연 친절한 행정 서비스일까?'

당사자가 문서를 송달받은 날로부터 일정 기한 내에 의견을 보내야 하는 이유로, 관공서에서 보내는 통지서는 불가피하게 당사자의 주민등록상 주소지로 송달되어야 한다. 법원에서 보내는 재판 관련 우편물이 그렇다. 그 문서를 송달받은 날을 기준으로 권리 행사 마감 기한이 좌우되기 때문이다.

그러나 경찰이 보내주는 사건 처리 결과 통지는 앞에서 설명한 공문서와 다르다. 그저 결과를 알려주는 것일 뿐 통지서를 제대로 받거나 받지 않거나 법적 효력과 아무런 관련이 없다. 그러하니 등기우편도 아닌 일반우편으로 발송되는 것이다. 그렇다면 당사자가 직접 통지 방법을 선택하도록 해도 크게 문제될 것이 없다. 수령지를 사무실로 바꿔도 된다. 굳이 당사자가 모든 가족과 동네 사람들에게 노출될 위험을 감수하면서까지 주민등록상 주소지로 전달받아야 할 내용이 아니다.

관공서에서 이루어지는 서비스는 그 의도와 상관없이 시민들에게는 친절한 서비스가 아니라 무시무시한 폭력처럼 느껴질 수 있다. 수사 관련 사건 당사자에게 일반우편으로 보내는 사건 처리 결과 통지 제도는 반드시 개선되어야 할 것이다. 이번 기회에 국민권익위원회가 운영하는 국민신문고의 '국민제안'을 통해 2020년 9월 15일 경찰청에 제도 개선을 공개적으로 요청했다.

1년 6개월이 지난 2022년 3월 30일부터 피의자 신문조서 작성

시 피의자에게 교부하는 서식인 '피의자 권리 안내서'에 피의자가 요청하는 방법으로 통지할 수 있다는 내용이 추가되었다는 소식을 경찰청 국가수사본부에서 알려왔다.

실시 결과

실시 기관(부서)	경찰청 국가수사본부 수사기획조정관 수사심사 정책 담당관		
실시 예정일	2021-06-30	실시자(연락처)	채○○ (02-XXXX-XXXX)
과제명	피의자 통지 결과 개선 방안		
실시 결과	완전 실시		
실시일	2022-03-30		
실시 내용	제안자의 제안과 같이 피의자 신문조서 작성 시 피의자에게 교부하는 서식인 '피의자 권리 안내서'에 피의자가 요청한 방법으로 통지할 수 있다는 내용을 추가하였습니다. 소중한 의견을 주셔서 감사합니다.		

법관들이 사법농단 사건으로 조사를 받고 재판을 받으면서 비로소 형사 사법 체계가 피의자에게 얼마나 가혹한지를 알았다고 한다. 어떤 의사는 자기가 아파 수술을 받기 전 주치의가 수술 중 발생하는 상황들(죽을 수 있음도 포함)이 깨알처럼 적혀 있는 수술 동의서를 내밀며 서명하라고 하는 순간이 너무나 공포스러웠다고 고백하며, 자기가 환자들에게 무감각하게 전달한 무수한 공포들이 떠올라 마음이 무거웠다고 한다.

우리는 우리가 경험한 넓이와 깊이만큼 세상을 볼 수밖에 없다.

앞에서 이야기한 의뢰인이 겪은 일을 통해서는 잘 보이지 않았던 '피의자의 인권'. 경찰서에서 조사받았다는 사실과 그 결과, 그리고 개인정보가 담긴 통지서가 내 가족과 이웃에게 알려지지 않길 바라는 '보호받을 권리'. 이 모든 것들이 내가 피의자가 되어보니 비로소 보이기 시작했다.

이런 깨달음이 다른 법 위반도 아닌 바로 '개인정보보호법' 위반 사건으로 고소되어 조사받는 과정에서 얻은 것이라니. 참 험난한 길을 지나 지금 여기에 이르렀다는 생각이 든다.

고소당하면 무조건 피의자?
인권보호 활동가 위축시키는 무분별한 고소

이주 노동자를 위해 애쓰는 활동가들이 많다. 혈혈단신으로 대한민국에 입국하여 살아가는 이주 노동자들은 사용자의 갑질에 속수무책으로 당하는 경우가 부지기수다. 그럴 때마다 그들을 착취의 현장에서 구하는 건 대한민국 수사기관 검찰청, 경찰청, 노동청이 아닌 시민단체 활동가다.

2020년 12월 20일 비닐하우스 숙소에서 사망한 캄보디아 출신 속헹 씨의 사망 원인이 불완전한 난방장치로 인한 추위였음을 밝혀낸 것도, 일한 시간만큼의 임금을 지급받지 못하고 있는 이주 노동

자의 임금 착취 현실을 세상에 폭로한 것도, 성폭행을 일삼는 사업
주로부터 노동자를 구출해낸 것도 모두 시민단체 활동가의 노력 덕
분이다. 그러다 보니 사용자단체의 눈에는 갑질을 온몸으로 막아서
는 현장 활동가가 눈엣가시 같은 존재일 것이다. 그래서인지 사용
자단체로부터 활동가가 고발을 당하는 경우도 발생한다.

> 피고발인은 ○○지방고용노동청 ○○지청에서 변호사 등의 자격
> 이 없음에도 외국인 근로자들의 통역자를 자처하면서 외국인 근
> 로자들을 대리하거나 합의 대리를 하는 방식으로 변호사법을 위
> 반하였습니다. 피고발인 고발인들로부터 외국인 근로자들이 금품
> 을 받으면 지구인의 단체 후원계좌로 후원금을 받는 방식으로 변
> 호사법을 위반하였습니다. 이는 변호사법 제109조에 반한다고 할
> 것입니다.

시민들과 이주 노동자의 자발적 후원으로 운영하는 시민단체
활동가를 변호사를 사칭하여 영리를 추구하는 파렴치범으로 몰아
가는 이런 고발장이 접수된 후, 활동가는 경찰 조사를 받아야 했다.
이주 노동자에게 SOS를 받으면 전국 어디나 즉각 출동해 아무런
대가 없이 애쓰는 활동가의 노력이 변호사법 위반일 리는 없다. 당
연하게 이 사건은 검찰의 불기소처분으로 마무리되었지만, 이런 고

발로 인한 수사는 활동가의 활동을 심리적으로 위축시킬 수밖에 없을 것이다. 그런데 여기서 끝이 아니었다. 이후에도 또 다른 고소장이 접수된다.

> 피고소인은 고소인이 거부함에도 고소인의 사업장에 들어와 고소인이 고용한 외국인 노동자를 무단으로 데리고 가 일손이 한참 필요한 경작 시기에 고소인의 농업 등을 방해하였습니다.

변호사법 위반이 안 된다고 생각한 사용자단체는 무단 침입과 영업 방해로 고소장을 제출하고 있다. 착취당하고 있는 이주 노동자를 구출해낸 것이 어찌 무단 침입과 영업 방해일 수 있을까? 당연하게 이 사건들도 불기소처분을 받고 있지만 이런 얼토당토않은 고소로 입건되어 피의자 신분으로 경찰서에 출석하고 불편한 질문을 받아야 할 이유가 있는지 의문을 가지게 된다.

이주 인권 활동가의 예를 들었지만, 이런 일은 시민 누구에게나 벌어질 수 있는 일이다. 고소당했다고 해서 피의자의 신분으로 수사기관에 출석해 죄인 취급을 당해야 하는 것이 과연 타당한 것일까? 고소, 고발을 할 시민의 권리도 존중받아야 하지만, 고소, 고발당한 사람의 인권도 짓밟히지 않도록 제도 개선이 필요하지 않을까?

전건입건제도 대신 :
선별입건제도 도입 논의

현행 형사소송법은 모든 고소, 고발 사건에 대해 수사기관의 입건 의무를 부여하고 있다고 해석된다. 이걸 전문적으로 고소, 고발 사건 '전건'입건법제라고 한다. 고소, 고발이 되면 모든 건을 수사기관에서 수사하는 '입건'을 해야 한다는 것이다. 고소, 고발을 당하면 무조건 입건되어 피의자의 지위에서 조사를 받아야 하고 기소 여부에 관한 검사의 처분이 나오기 전까지 형사 절차에 연루되는 고통을 벗어날 수 없다. 이런 제도가 과연 옳을까?

실무상 고소장, 고발장을 반려하거나 각하하는 등의 처리가 되고 있다. 하지만 법에 의한 처리가 아닌 이런 비정상적인 처리 방식은 수사기관을 통제할 수 없어 오히려 더 큰 혼란과 불편함을 초래할 수 있다. 그래서 고소장, 고발장이 제출되어도 모두 입건하는 '전건'입건제도가 아니라 그 단계에서 1차적으로 수사 시작 여부를 미리 판단하는 '선별'입건제도를 도입하자는 목소리가 있다.

2019년 11월 22일 '국민 중심 현장 수사' 현황과 과제라는 주제로 개최된 세미나에서 윤동호 국민대 교수는 "고소, 고발 남발이 심각한 상황에서 수사기관이 고소, 고발 사건에 대한 합리적인 재량권을 갖고 선별적으로 입건하도록 해야 한다"라고 말하며 "수사기관의 입건 재량권에 대해서는 다양한 통제장치와 불복 절차를 마련

하면 된다"고 주장했다.[55]

지금까지 선별입건법제는 수사기관 수사의 효율성 차원에서 주로 주장되고 검토된 것이 사실이나 무분별한 고소, 고발에 대해 시민들을 보호하기 위해서도 한 번쯤 도입 여부를 고민해야 하지 않을까 싶다. 물론 입건 여부에 대한 수사기관의 재량권에 대해서는 엄격한 통제장치와 불복 절차 마련도 함께 이루어져야 할 것이다.

담당 검사 만나는 건 하늘의 별 따기?
우리에게 필요한 '문전 박대 금지법'

변호사가 된 부장검사 :
생생한 전관예우 현장

사법연수원생 시절, 검찰청에 2개월, 법원에 2개월씩 실무수습을 의무적으로 받아야 했다. 두 달 동안 서울의 한 검찰청에서 실무수습을 받았는데, 짧은 경험이지만 그때 만났던 부장검사 한 분이 아직도 기억에 남는다. 부장검사는 그 부에 배정된 실무수습생들을 데리고 한 차례 점심을 사주면서 검사로서의 자부심을 마구 뿜어내었다. 사법연수생 시절이었기에 이런 선배 법조인의 모습이 제법 멋져 보였다.

이후 한 차례 더 그 부장검사와 식사 자리를 가진 적이 있다. 그 사이 부장검사는 신분이 바뀌어 개업 변호사가 되어 있었다. 2개월 수습 기간 중 검사들에 대한 인사이동 관련 발표가 났고 지방으로 발령받은 부장검사는 사직서를 내고 검찰청 바로 앞에 변호사 개업을 했던 것이다. 두 번째 점심식사는 첫 번째 식사 때와는 달리 더 화려했지만, 그 자리는 내게 불편했다. 부장검사가 개업 이후 보여 준 행보가 매우 부적절했기 때문이다. 2011년 변호사법 개정으로 '검사가 변호사 개업을 한 후 퇴직 1년 전부터 퇴직한 때까지 근무한 검찰청이 처리하는 사건을 퇴직한 날로부터 1년 동안 수임할 수 없다'는 수임 제한 조항이 신설되었다. 하지만 그 시절에는 그런 제한이 없었다. 따라서 이른바 전관예우를 바라고 많은 의뢰인들이 그를 찾았을 것이고, 그 부장검사는 자기가 마지막으로 일했던 검찰청 처리 사건을 왕창 수임할 수 있었던 것 같다.

변호사에게도 영업의 자유가 있으니 그 부장검사가 많이 수임한 것을 문제 삼을 수는 없을 것이다. 내가 불편했던 건 그가 부장검사였을 때보다 변호사가 된 이후에 내가 근무하는 검사실에서 더 많이 보게 되었다는 것이다. 신분은 변호사였지만 한 달 전까지는 부장검사였던 그가 검사실에 들어올 때면 검사와 직원들은 모두 일어서서 "부장님 오셨어요?" 하고 환영하며 극진히 응대했고, 변호사는 아직 자기가 부장검사인 양 그 예우를 즐기는 것처럼 보였다. 이렇게 생생한 전관예우 현장을 코앞에서 목격했던 내가 두 번째 식사 자리에서 불편한 감정을 감추지 않고 "부장님. 아니 변호사님! 이게 법조인의 윤리에 맞는 행동이십니까?"라고 문제 제기를 했어야 했는데, 그렇게 하지 못하고 화려한 식사에 취해 그냥 침묵

했던 순간이 부끄럽다. 이런 침묵의 카르텔이 전관예우라는 철옹성을 가능하게 했을 것이다.

서면 한 번 쓰지 않고 변론하는 걸 자랑하는
검사 출신 변호사

대한법률구조공단 변호사 시절, 이사장 또는 사무총장으로 검사 출신이 부임할 때가 많았다. 공단의 업무는 어려움을 겪는 시민들을 법률적으로 지원하는 것으로, 검찰 업무와는 그 성격이 완전히 다른데 왜 검사 출신이 발탁되는지 잘 이해가 가지 않는다. 대한법률구조공단이 법무부 산하 공공기관이라서 그런지 모르겠지만 1987년 대한법률구조공단 설립 이후 지금까지 선임된 13명의 이사장 중 3명을 제외한 10명은 모두 검사 출신이다.

내가 근무할 때 계셨던 사무총장들도 검사 출신이었는데 그중한 분이 하신 이야기가 기억에 남는다. 검사를 그만두고 공단에 오기 전에 약 2년 동안 변호사를 했는데, 그 기간 동안 서면을 한 번도 쓰지 않았다는 것이다. 주임검사에게 전달해야 할 내용이 있으면 그냥 전화를 하거나 직접 찾아가서 변론을 했단다. 서면을 쓰는 것보다 이러한 변론이 더 효과적이라는 말과 함께 자신이 검찰 내 중요 보직을 맡아왔기에 이런 변론이 가능했다는, 은근한 자랑이 담긴 이야기였다.

공단 변호사들은 1인당 맡은 사건 수가 너무 많아서 재판을 준비하며 서면을 쓰는 일은 쉽지 않았다. 그렇지만 당연히 해온 일이다. 사무총장에게서 이러한 어려움에 대한 위로와 격려를 기대했던 변호사들은 "서면을 한 번도 쓰지 않고 변론했다"는 이야기에 살짝 당황하면서도 '그 지긋지긋한 서면 쓰기로부터 자유로운 변호사 생활이란 과연 어떨 것일까?' 하는 기분 좋은 상상의 날개를 아주 잠깐이나마 펼쳤을 것이다.

변호사라고 해도 검사와 이야기를 나눌 수 있는 기회는 극히 제한적이다. 전화를 해도 검사와 통화하기는 하늘의 별 따기다. 아주 가끔 직접 전화를 받는 검사도 "전달할 내용이 있으면 의견서를 통해 제출하면 잘 읽겠다"는 취지의 답변을 하고 전화를 끊는다. 검사실에 의견서를 가지고 찾아갈 때도 종종 있지만 검사 얼굴만 잠깐 볼 수 있을 뿐 이야기 나눌 기회는 좀처럼 허락받지 못한다.

검사실에 찾아가거나 전화를 해서 이야기를 전달할 수 있는 일이 시민들에게 가능할까? 시민들이 담당 검사를 만나는 일은 쉽지 않다. 검사실에 전화를 하면 실무관이 전화를 받아 메모를 전달하겠지만 검사가 콜백을 해주는 경우는 거의 없다. 답답한 마음에 검사실에 찾아가도 검사실에서 방문을 허락해주지 않으면 1층 민원실에서 문전 박대당하기 일쑤다. "하고 싶은 말이 있으면 종이에 써서 제출하세요"라는 말을 듣고 민원실에서 돌아서는 시민들에게는 담당 검사 얼굴 한 번 보는 것이 소원일 것이다.

검사와 기자들의 티타임 :
검찰 공보제도

2022년 7월 검찰 공보규정이 바뀌면서 검찰의 비공식 정례 브리핑인 '티타임' 제도가 약 2년 8개월 만에 부활했다는 소식이 들린다. 검사가 수사 진행 중인 사건에 대해 기자들에게 관련 수사 내용을 이야기하면 언론이 이를 받아쓰고, 그 내용은 마치 사실인 것처럼 국민에게 퍼진다. 이 과정에서 아직 수사 중인 사건이 진실로 둔갑하여 국민에게 그대로 전달되고, 아직 재판도 받지 않은 피의자가 마녀사냥을 당하기도 한다. 헌법에 규정된 무죄 추정의 원칙은 이런 과정을 통해 완전히 무력화된다.

그래서 법무부는 형사사건 공개금지 등에 관한 규정을 신설해 실무를 담당하는 검사가 아닌 전문공보관만 언론에 설명을 할 수 있고, 구두 설명 등이 아닌 공보자료 배포만 가능하도록 정비했다. 그런데 이 규정을 2년 8개월 만에 폐지한 것이다. 국민의 알 권리를 위한다는 명목으로 검사들이 기자들을 만나 차를 마시며 관련 수사 내용을 이야기할 수 있는 티타임 자리를 다시 마련하겠다는 것이다.

우리가 전화하면 그토록 바빠서 만나주지도 않는 검사가 기자들과 티타임을 가진다는 소식을 듣는 시민들의 마음은 어떠할까? 기자들에게 허용된 티타임, 시민들에게는 불가능할까?

시민들의 호소에 오만했던 검찰

범죄 피해자센터가 검사들과 함께 명절을 앞두고 강력범죄 사건 피해자 가정들을 방문, 생필품과 위로금을 전달했다는 기사를 볼 때가 있다.[56] 사회의 무관심 속에 소외당하고 있는 범죄 피해자들이 아픔을 딛고 재기할 수 있도록 돕는 의미 있는 일이다. 그런데 이런 위로 방문보다는 형사 절차 진행 중 담당 수사검사가 피해자를 만나 위로하고 피해자의 이야기를 경청하는 것이 더 필요하지 않을까 하는 생각을 하게 된다.

시민들의 호소에 귀 기울여야 할 때 귀를 닫고 오만했던 검찰의 모습 중 떠오르는 사건이 있다. 2009년 1월 20일 용산 재개발 지역에서 철거민 5명과 경찰관 1명이 목숨을 잃은 일이 있었다. 이른바 용산 참사 사건이다. 2019년 법무부 산하 검찰과거사위원회는 사건 관련 철거민들과 유족들에 대한 사과를 검찰에 권고하기도 했다.

검찰과거사위원회는 "당시 무리한 작업을 결정, 변경한 경찰 지휘부에 대한 수사가 필요했음에도 검찰은 최종 결재권자인 당시 김

석기 서울경찰청장을 주요 참고인 또는 피의자로 조사할 의지가 없었다"며 화재 가능성을 충분히 예상하고도 제대로 준비하지 않은 채 졸속으로 작전을 강행한 경찰 지휘부에 대한 검찰의 수사 의지가 부족했다고 밝혔다. 그 당시 검찰 수사는 철거민들에게는 가혹했고 경찰에게는 관대했다. 그런데 이런 수사 결과보다 더 아쉬운 건 수사 과정이다.

섣부르고 위험했던 진압 과정에서 가족을 잃은 유족들은 당시 경찰뿐만 아니라 검찰도 불신했고, 이에 사인을 명확하게 밝히기 위한 부검 절차에 자신들도 참여하게 해달라고 요청했다. 그러나 검찰은 유족들의 동의 없이, 법원의 영장 없이 일사불란하게 부검을 지휘했다. 당시 용산 참사 본부장을 맡아 수사를 총지휘하던 서울중앙지방검찰청 1차장검사가 참사 현장에서 무표정으로 "(부검) 동의서 필요 없습니다"라고 말하며 걸어가는 화면이 언론사 보도에 담겼는데, 나는 이 장면이 오랫동안 기억에 남았다.

10년이 지나 검찰과거사위원회는 철거민 사망자를 영장 없이 긴급 부검한 결정에 대해 영장을 발부받을 시간적 여유가 없는 '긴급한 필요'가 있었는지 의심이 된다며 '당시 부검 등 수사 절차에 지장이 생길 것으로 예상되지 않았고, 사망자 중 신분증이 확인된 경우도 있어 신원 파악을 위한 목적으로 긴급 부검을 했다는 주장도 설득력이 떨어진다'고 보고서에 담았다.

"모든 국민은 인간으로서의 존엄과 가치를 가지며, 행복을 추구할 권리를 가진다. 국가는 개인이 가지는 불가침의 기본적 인권을 확인하고 이를 보장할 의무를 진다"고 헌법 제10조는 규정하고 있다. 정부 논리대로 철거민들의 건물 옥상 점거 농성이 불법이라고 하더라도, 그들이 국가가 보호해야 할 국민이라는 점에는 이론의 여지가 없다. 안전을 담보하지 않은 진압이 절대로 정당화될 수 없는 이유다.

검찰은 헌법이 지켜지지 않은 현장에서 목숨을 잃은 피해자의 유족에게 또다시 아픔을 주었다. 무표정으로 "부검 동의서 필요 없습니다"라고 유족들의 요구를 묵살할 것이 아니라 유족들과 마주앉아 그들의 요청에 귀 기울였어야 했다. '그 당시 검찰이 유족을 만났다고 한들 수사 결과가 달라질 건 없었다'고 당시 수사검사들은 이야기할지 모르겠다. 그래도 이건 결과론적으로 접근할 문제가 아니라 국가기관으로서 국민을 대하는 태도의 문제이다.

검찰과 시민들의 소통 방안

국민권익위원회가 운영하는 온라인 국민 참여 포털, 국민신문고는 조선시대에 있었던 '신문고'에서 그 이름을 따와 2006년부터 운영되고 있다. 처리 속도가 늦고 형식적 답변만 한다는 비판이 있지만 그래도 관공서의 공식적인 답변을 듣고 싶을 때 자주 애용하고 있다.

검찰청에 궁금한 점이 있을 때에도 국민신문고를 이용한다. 그런데 검찰청 국민신문고 담당자가 아래와 같이 답변을 해오는 경우가 다반사다. 민원에 대한 공식적인 서면 답변을 받고 싶었지만 결국 담당 검사실로 인계했다는 답변만 받으니 '왜 이 제도를 이용해야 하나?' 하는 반문이 들지만 이 방법 이외에는 검찰에 문의할 방법이 마땅치 않다.

---

1. 귀하께서 국민신문고(접수번호 : 1AA-2208-XXX)에 제출하신 민원요지는 '인천 21세기병원 무자격자 대리 수술 공익신고 관련 질의' 하시는 취지로 이해됩니다.
2. 귀하께서 제출하신 민원은 관련 사건인 인천지검 2021형제41670, 45297호 사건을 공판하신 오○○ 검사실(호실 : 3XX호, 전화 : 032-860-XXXX)에 인계하여 답변할 수 있도록 하였습니다.
3. 그 외에 궁금하신 사항이 있으시면 아래 번호로 전화 주시면 친절히 안내해드리겠습니다. 바쁘신 와중에도 시간을 할애하시어 소중한 민원을 올려주신 귀하께 다시 한번 감사의 말씀을 드립니다.

국민신문고 답변 내용

기술 문명의 발전으로 세상천지 다 바뀌었지만 검찰 민원 처리 시스템은 제자리다. 내 사건을 맡은 주임검사 얼굴 한 번 보겠다고 검찰청에 가도 문전 박대당하기 일쑤다. 전화를 해도 "문서로 제출하십시오"라는 싸늘한 답변만 돌아온다. 이메일 소통도 검찰은 불통이다. 검찰은 티타임 제도를 통해 담당 검사들이 기자와 만나 질문에 답을 해주는 등 국민의 알 권리를 위해 공을 들이고 있다고 말한다. 그러나 답답함을 호소하는 당사자들의 면담 요청은 제대로 받아들여지지 않는 것이 현실이다. 수사 과정에서 극단적 선택을 하는 사람이 계속 생기는 것에서 알 수 있듯이 당사자들에게 수사 과정은 생사의 기로에 놓인 절체절명의 시간일 수 있다. 국민의 '알' 권리를 위해 검찰이 공보제도를 운영한다면, 국민의 '살' 권리를 위해 피해자 등 사건 당사자 면담제도는 더 내실 있게 운영해야 하지 않을까?

"피해자 등 사건 관계자는 수사 진행 중 담당 검사와 면담을 요청할 수 있다. 담당 검사는 특별한 사유가 없는 한 이를 거부할 수 없다"는 면담 의무 규정, '시민 문전 박대 금지법'이 반드시 필요한 이유다.

기소독점주의와 마침내
'헤어질' 결심

내 권한을 누군가에게 위임한다는 것은 매우 위험하다. 내가 신뢰한 그 사람이 그 권한을 남용할 위험이 있기 때문이다. 그럼에도 내가 직접 할 수 없기에 누군가에게 위임을 한다면 '믿는 도끼에 발등 찍힐 일'이 없도록 안전장치를 반드시 마련해야 한다.

우리는 검찰에 기소권을 맡겼다. 1장에서 살펴본 것처럼 수사권보다 기소권이 더 막강한 권한이다. 국가의 형벌권을 좌지우지하는 힘을 검찰의 손에 쥐어준 것이다. 그런데 그 막강한 권한에 대한 견제장치는 너무나 미약하다. 기소 권한을 사전에 통제하겠다고 검찰이 스스로 내놓은 검찰수사심의위원회 제도는 2장에서 살펴본 것처럼 사실상 검찰이 원할 때만 작동된다. 그리고 불기소처분에 대한 사후적 구제장치인 법원의 재정신청 제도 또한 그 인용율 0.5%가 말해주듯 실질적 견제장치로는 무력하다.

그렇다면 우리는 어떻게 해야 할까? 이제 새로운 제도를 꿈꾸어야 하지 않을까? 박찬욱 감독의 영화 제목 〈헤어질 결심〉에서 영감을 받아 기소독점주의와 마침내 '헤어질' 결심을 제안해본다.

어느 재판부의 풀어줄 결심

원무과장 등 비의료진에게 수술의 대부분을 맡긴 영상이 공개되어 세상에 널리 알려진 유령 대리 수술 사건. 이 사건에서 서울고등법원은 1심에서 선고된 실형을 파기하고 인천 척추전문병원 대표원장 등 의료진을 집행유예로 풀어주며 논란이 일었다(2022년 7월 14일 선고). 나는 평소 법원의 양형 결정은 존중받아야 하고 그에 대한 비판은 신중해야 한다는 입장이지만, 이 사건에서는 비실명 대리 신고인으로서 자초지종을 너무 잘 알기에 양형에 대해 쓴소리를 하지 않을 수 없었다. 항소심 재판부는 왜 구속되어 재판받고 1심에서 징역 2년 실형이 선고된 그들을 풀어줄 결심을 했을까? 항소심 재판부는 그 이유를 다음과 같이 판결문에 기재하였다.

> 사기 피해자 6명과 추가로 합의하여 환자 사기 피해자 전원(19명)은 피고인들에 대한 형사처벌을 원하지 않고 있고, 그중 상당수는 피고인들에 대한 선처를 구하고 있다. 피고인들에 대한 원심의 형은 너무 무거워서 부당하다고 판단된다.

공소장에 기재된 피해자 19명 중 약 3분의 1에 해당하는 피해자 6명에 대한 추가 합의가 이루어진 새로운 양형 조건을 근거로, 항소심 재판부는 피고인들을 풀어줄 결심에 이른 것으로 해석된다. 그러나 항소심 재판부의 결심에 아쉬움이 남는 건 유령 대리 수술을 직접 목격한 간호사들의 증언이 항소심 판결문에 담겨 있기 때문이다.

2~3년 전부터 대리 수술이 있었고 최근 1~2년간 대리 수술이 많아졌다는 수술실 책임 간호사의 증언, 피고인이 능수능란하였고 간호사들의 보조 업무도 자연스러워 비의료진이라고 생각하지 못했다는 2019년 입사 간호사의 증언에 의할 때, 유령 대리 수술 피해자는 수백 명을 넘어 수천 명에 이를 것으로 예상된다. 따라서 공익제보자 촬영 동영상을 통해 확인되어 기소된 19명 피해자들과의 전원 합의는 항소심 재판부의 풀어줄 결심의 사유로 작동되지 않아야 했다.

공교롭게도 이 사건 판결이 선고되기 이틀 전 경기도의 한 대형 종합병원에서 비의료진이 환자의 피부를 꿰매는 수술을 오랫동안 해온 사실이 또 한 번 언론 보도를 통해 세상에 알려졌다. 환자의 생명과 안전은 뒷전으로 미룬 채 오직 수익 극대화에 혈안이 되어 있는 병원 운영자들이 이번 항소심 판결 소식을 듣고 또다시 유령 대리 수술을 감행할 결심을 하는 건 아닌지 걱정이 앞선다.

19명만 피해자로 기소할 결심

그런데 법원에 대한 양형을 비판하는 건 자칫 수사기관의 수사와 검찰의 잘못된 기소를 덮어버릴 수 있다. 여기서 우리는 이런 의문이 든다. 내부 간호사의 진술에 의할 때에도 2~3년 전부터 대리 수술이 있었다는데 왜 검찰은 19명의 대리 수술만 기소할 결심을 했던 것일까? 영상에 담기지 않은 수백 명, 아니 수천 명의 피해자에 대한 대리 수술도 밝혀내어 기소했어야 하지 않았을까?

모든 수사 과정을 다 파악할 순 없지만 언론을 통해 확인된 내용은, 언론 보도와 압수수색 시점 사이에 증거 훼손이 이루어졌다는 것이다. 언론을 통해 대리 수술 영상이 공개되고 일주일 후 병원과 관계자들에 대한 압수수색이 시작되었는데, 그 일주일 사이에 이미 관계자들이 컴퓨터에 저장된 진료 기록과 수기로 작성한 자료들을 삭제하고 파쇄했다는 이야기가 들렸다는 것이다. 언론 보도 후 일주일 증거 확보의 골든타임을 놓쳐서일까, 검사는 영상에 담기지 않은 수백 명, 아니 수천 명의 피해자들에 대한 대리 수술을 밝히지 못한 채 19명만 피해자로 기소했다. 그리고 재판부는 수백 명, 아니 수천 명의 피해자 중 고작 19명의 피고인들이 처벌을 원하지 않는다는 의사를 표했다는 이유만으로 가해자들을 풀어준 것이다.

검찰의 기소에 대한 아쉬움은 여기서 그치지 않는다. 19명의 피해자는 의료진이 수술할 것을 믿고 수술대에 누웠을 것이다. 그런데 비의료진이 칼을 들고 자기 몸에 손을 댄 것이니 이건 병원이 환자들을 속인 것일 뿐만 아니라 위험한 물건으로 무자격자가 환자의 몸에 상해를 입힌 것으로 판단되었어야 한다. 앞서 3장에서 살펴본 것처럼, 검사는 이 사안을 사기죄로 접근할 뿐 상해죄, 더 나아가 수술 도구 등 위험한 물건으로 상해를 입힌 특수상해죄로 기소하지 않았다.

공소장 변경은 하지 않을 결심

유령 대리 수술 고 권대희 사망 사건. 지난 2016년 9월 권대희 씨의 사각턱 절개 수술을 맡은 집도의는 수술이 끝날 때까지 환자의 생명과 신체 안전을 위해 최선을 다할 의무가 있었지만 과다출혈 증세를 보이는 권 씨의 지혈을 의료 면허가 없는 간호조무사에게 맡겨놓고 다른 수술실로 떠났다. 30분간 간호조무사가 권 씨를 지혈했지만 건강을 회복하지 못한 권 씨는 끝내 사망했고 집도의 장 씨 등은 2019년 재판에 넘겨졌다.

검찰은 이 사안을 업무상 과실치사죄로 기소했다. 의료진의 실수로 죽은 것이 아니라 이런 식으로 공장식 수술을 하면 환자가 죽을 수 있다는 것을 알고도 감행한 것이기에 최소한 상해의 고의는 인정되어 상해치사죄로 공소장을 변경해야 한다고 유족은 줄기차게 주장했다. 공판검사는 공소장 변경을 검토한다고 했고 당시 검찰총장 직무대행 조남관 차장검사 또한 유족을 만나 검토를 약속했다. 그러나 공판검사는 끝끝내 공소장 변경을 하지 않았다. 그 대신 가해 의사의 처벌에 대해 징역 7년 6월을 구형했다. 아래 양형 기준표에 의거할 때 상해치사죄에 해당하는 양형 수준이다.

폭력범죄 양형 기준

1. 일반적인 상해

유형	구분	감경	기본	가중
1	일반상해	2월~10월	4월~1년 6월	6월~2년 6월
2	중상해	6월~1년 6월	1년~2년	1년 6월~4년
3	사망의 결과가 발생한 경우	2년~4년	3년~5년	4년~8년
4	보복 목적 상해	6월~1년 6월	1년~2년	1년 6월~3년

과실치사상 · 산업안전보건범죄 양형 기준

1. 과실치사상 범죄

유형	구분	감경	기본	가중
1	과실치사	~8월	6월~1년	8월~2년
2	업무상 과실 · 중과실치	~6월	4월~10월	8월~2년
3	업무상 과실 · 중과실치사	4월~10월	8월~2년	1년~3년

업무상 과실치사죄로 공소 제기하고 상해치사죄에 해당하는 양형을 검찰이 구형할 경우 재판부는 어떤 양형 기준을 따라야 할까? 당연히 공소 제기한 업무상 과실치사죄 양형을 따를 수밖에 없다. 1심 재판부는 징역 3년 실형을 선고했고, 항소심도 마찬가지였다. 업무상 과실치사죄의 가중 요건(1년~3년) 상한을 넘지 못한 것이다.

이 판결에 대해 시민단체와 유족은 법원의 솜방망이 처벌을 문제 삼았지만 사실 비판받아야 할 건 법원의 판결이 아니라 검찰의 공소 제기다. 그런데 여기서 우리에게는 이런 의문이 남는다. 왜 기소는 검사가 독점하는가? 우리가 그 과정에 참여해야 하지 않을까?

기소독점주의와 헤어지고 기소 대배심을 고려해야 할 때

현행 형사 사법 체계는 피의자를 기소할지, 아니면 불기소할지를 검사만이 독점적으로 결정하도록 정해두었다. 검경 수사권 조정이 시행되어 검찰의 직접 수사권이 대폭 축소된다고 하더라도 기소권은 검찰이 독점적으로 행사하게 된다. 물론 검사의 불기소처분에 대해 법원이 판단을 구하는 재정신청 제도를 두고 있지만 인용률이 0.5%에도 미치지 못하는 등 검찰의 기소권에 대한 통제장치로 제대로 작동되고 있지 못하다.[57]

이 유

신청인들은 피의자들을 각 근로기준법 위반 혐의로 고소하였고, 이에 대하여 검사는 각 혐의 없음(증거 불충분)의 이 사건 불기소처분을 하였다.
이 사건 기록과 신청인들이 제출한 모든 자료를 살펴보면, 검사의 불기소처분은 정당한 것으로 수긍할 수 있고, 달리 불기소처분이 부당하다고 인정할 만한 자료가 부족하다.
따라서 이 사건 재정신청은 이유 없으므로 형사소송법 제262조 제2항 제1호에 의하여 이를 기각하기로 하여 주문과 같이 결정한다.

_재정신청 기각 결정문 중 이유 부분 발췌(대부분 이런 내용만 담겨져 있다.)

피해자를 대리하여 가해자를 처벌시켜달라는 피해자 변호사로서 가해자 기소를 위해 끝까지 최선을 다한다는 생각으로 검찰의 불기소처분에 대해 재정신청도 해보았다. 하지만 심문기일이 한 번도 열리지 않은 경우가 대부분이고, 기각 이유 또한 위와 같이 '복붙(복사 붙여넣기)' 불량 판결문이라 이 모든 과정이 그저 희망고문처럼 느껴질 때가 많다.

검찰 개혁의 목소리가 높아졌던 2018년 검찰은 기소 여부에 대해 시민들이 참여해 의견을 개진할 수 있는 수사심의위원회 제도를 만들었다. 그러나 이 제도는 권고적 효력만 있고, 2장에서 살펴본 것처럼 '사회적으로 이목이 집중된 사건'이라는 추상적 요건으로 말미암아 일반 시민들이 소집을 요구했을 때 소집된 사례는 전무하다. 소집 신청권은 있지만 사실상 검찰이 직권으로 소집 여부를 결정하는 식으로 운영되는 등 그 한계는 고스란히 드러났다.

2022년 4월 검찰 수사권이 더 축소될 위기에 봉착하자 그 당시 김오수 검찰총장은 국회의장을 만나 검찰 수사 공정성과 인권보호를 위한 특별법을 국회에서 제정해달라고 제안했다. "검찰 수사 공정성과 중립성 문제, 검찰의 '제 식구 감싸기식' 수사 되풀이를 막을 수 있는 확실한 방법"이라고 강조했다.

검찰 수사권이 더 축소될 것을 일단 막아보자는 다급함에 나온 고육지책이었지만 어쩌면 위기에 봉착한 검찰이 절박한 심정에 스스로 내놓은 제안이기에 나름 혁신적이었는데, 여기에는 수사심의위원회 개선안도 포함되었다. 권고적 효력만 있고 구속력이 없는 대검 수사심의위원회의 위상을 강화하자는 방안이었다. 일정 위원 수 이상 찬성할 땐(예를 들어 위원의 3분의 2 이상) 수사팀이 심의위 결론을 사실상 따르도록 하는 권한(기속력)을 부여하고, 심의위 소집 요청권자를 국회 법제사법위원장과 법무부장관, 대한변호사협회장까지로 확대, 심의 대상도 수사 착수 여부까지로 확대하자는 것, 또 수사심의위를 정례화해 국민이 참여하는 기소 대배심제처럼 운영하는 방안도 나왔다.[58]

기소 대배심(Grand jury)은 영국에서 시작된 것으로 범죄소추 절차를 정식으로 밟기 전에 시민들이 먼저 심리함으로써 소추권을 가진 왕의 전횡을 막기 위해 도입된 제도다. 미국은 1791년 미국 수정헌법 제5조 중범죄(felony)에서 기소 배심에 의한 소추를 명문화하게 되었다. 영미법상 '기소 대배심'까지 도입하겠다는 방안을 내놓을 만큼 검찰 수사권을 축소하는 법안은 검찰에게는 조직의 사활이 걸린 문제인 듯했다.

바로 그때 법안 통과를 약간 미루고 검찰의 독점적 기소 권한을 내려놓으려는 검찰 스스로 내놓은 자구책을 제도화했으면 좋았으련만, 아쉽게도 법안은 그대로 통과되었고, 검찰이 내놓은 수사심의원회 위상 강화 방안은 없던 일이 되었다.

2008년 1월 1일부터 시민이 배심원으로 형사재판에 참여하는 국민참여재판이 시작되었다. 부작용에 대한 여러 걱정도 있었지만 나름 잘 정착되어 사법제도의 한 축을 담당하고 있다. 이제 검찰의 기소 여부도 시민들의 참여가 가능해야 하지 않을까? 검찰의 기소 독점주의와 '헤어질' 결심을 하고 영미법의 기소 대배심을 우리나라의 제도에 맞게 적극적으로 도입해야 할 때다.

인권보호,
검사 본연의 의무

인권보호는 검사의 직무에 있어 가장 중요한 요소다. 1장에서 살펴본 것처럼 검사가 시민들의 인권을 보호하는 역할을 하기는커녕 시민들을 탄압하는 정부에 철저히 부역하는 흑역사를 장식하는 경우가 너무나 많았다. 이러한 아픈 과거의 역사가 되풀이되지 않기를 바라는 마음을 담아 1997년 1월 13일 검찰청법 개정 시 "검사는 그 직무를 수행함에 있어서 국민 전체에 대한 봉사자로서 정치적 중립을 지켜야 하며 부여된 권한을 남용하여서는 아니 된다"는 규정이 신설되었다. 그리고 2020년 12월 8일 검찰청법 개정에서 인권보호 역할이 한 번 더 강조되면서 아래와 같이 개정되었다.

> 검사는 그 직무를 수행할 때 국민 전체에 대한 봉사자로서 **헌법과 법률에 따라 국민의 인권을 보호하고** 적법절차를 준수하며 정치적 중립을 지켜야 하고 주어진 권한을 남용해서는 아니 된다.

검경 수사권 조정 :
더 중요해진 검찰의 인권보호 역할

2020년 2월 4일 형사소송법 개정으로 2021년 1월 1일부터 경찰은 검사와 서로 협력하는 관계가 되었다. 예전에는 경찰은 수사 과정에서 검찰의 지휘, 감독을 받았고 정식 사건으로 수사가 진행된 사건은 무조건 검찰에 송치했어야 했다. 그러나 2021년 1월 1일부터는 경찰이 불송치 결정을 내릴 수 있는 권한까지 부여받았다.

기존의 지휘 감독 관계와 달리 수평적 관계가 되었기에 경찰에 대한 검찰의 감시 기능이 더더욱 중요하게 되었다. 그렇게 해서 도입된 제도가 형사소송법 제197조의 3 '검사의 시정조치 요구'다. 검사는 경찰의 수사 과정에서 법령 위반, 인권침해 또는 현저한 수사권 남용이 의심되는 사실의 신고가 있거나 그러한 사실을 인식하게 된 경우에는 사건 기록 등 등본의 송부를 요구할 수 있고, 시정조치를 요구할 수 있다. 시정조치가 이행되지 않으면 사건을 송치하도록 할 수도 있고, 더 나아가 해당 경찰관의 징계를 요구할 수 있도록 규정해두었다.

2021년 경기도 안산에서 이런 일이 있었다. 장애인단기시설보호센터의 센터장이 시설 내에서 종사자가 이용자를 위험한 물건으로 폭행한 사실을 확인하고 즉시 112로 경찰에 신고했다. 센터장은 출동한 지구대 경찰관 2명에게 시설 이용 장애인이 종사자로부터 폭행당하는 동영상을 보여주었다.

출동한 경찰관들은 영상을 통해 폭행 사실을 확인하고도 "피해자가 처벌을 원하지 않으면 접수가 되지 않는데, 당사자가 의사소통이 어려우므로 어머니와 연락해 의사를 확인해보겠다"는 취지로 이야기했고, 어머니와 통화를 나눈 후 어머니가 고소할 의향이 없어서 접수가 어렵다며 그냥 돌아갔다.

센터장은 경찰이 돌아간 직후 안산시청 담당자에게 재차 신고했고, 바로 출동한 안산시청 담당자는 CCTV 영상을 확인한 후 다음 날인 2021년 10월 29일 경찰에 다시 신고했다. 그러나 이번에도 역시 "보호자가 원하지 않아 신고 접수를 하지 않았다"는 이야기를 들었고, 이에 경기도장애인권익옹호기관에도 다시 신고했다.

경기도장애인권익옹호기관은 안산시청 담당자와 함께 현장조사를 실시, CCTV 영상을 확인한 후 경찰서에 고발장을 제출했고, 가해자의 주소지 관할 경찰서에서 이 사건은 다시 조사가 진행되었다. 결국 가해 종사자는 장애인복지법 위반으로 기소되었다.

범죄 수사규칙 제47조 및 제48조에 의거하여 지구대 경찰관은 피해 신고가 있는 경우 이를 접수하고, 범죄에 의한 것이 아님이 명백한 경우가 아닌 한 범죄를 인지하여 책임 수사가 가능한 경찰서로 인계해야 한다. 그러나 출동한 지구대 경찰관들은 폭행죄가 반의사불벌죄라는 이유로 이 사건을 입건하지 않았고, 책임 수사가 가능한 경찰서로 인계하지도 않았다.

장애인 폭행은 형법이 아닌 장애인복지법(제59조의 9)이 적용되어 피해자의 처벌 의사와 상관없이 가해자가 처벌된다. 더욱이 장애인 시설 종사자가 장애인 학대 관련 범죄를 범한 경우에는 장애인복지법(제88조의 2)상 가중처벌되기에 더더욱 입건하여 수사를 진행시켰어야 했다. 그러나 아예 입건조차 하지 않은 경찰의 조치는 미흡했다.

그런데 지역신문 기자가 초동수사 과정의 문제점을 파악하고 취재를 시작하자 지구대 경찰관들은 센터장이 폭행 장면이 담긴 CCTV를 제대로 보여주지 않는 등 시설 종사자의 학대 행위를 숨기려 했다고 주장했다. 관련 수사를 담당한 경찰서는 지구대 경찰관들의 주장을 그대로 받아들여 공익신고자인 센터장을 '범인 은닉죄'로 입건하여 수사를 진행했다. 용감한 공익신고자가 범인을 은닉한 파렴치범으로 뒤바뀐 것이다.

그리하여 우리는 형사소송법 제197조의 3에 의거하여 시정조치 요구를 요청했다. 그러나 우리가 수원지방검찰청 안산지청을 통해 받은 건 다음 회신이 전부다. 검사가 시정조치 요구를 했는지, 경찰이 그 시정조치 요구를 받아들였는지, 해당 경찰관들에 대한 징계 요구가 있었는지 등에 대해서는 전혀 통보받은 바가 없다.[59]

최정규 님, 안녕하십니까?

수원지검 안산지청 국민신문고 접수 담당입니다.

국민신문고를 통하여 저희 수원지검 안산지청을 방문하여 주셔서 감사합니다.

귀하께서 국민신문고에 올리신 민원은 안산검찰청 2022진정XX호(주임검사 황○○)로 접수되어 위 검사실로 배당되었습니다.

국민신문고로 제출하신 서류 등은 모두 위 검사실로 인계하여 주임 검사가 내용을 검토하도록 하겠습니다.

향후 이 건에 대하여 더 궁금하신 점이나 추가로 제출할 서류 등이 있으시면 안산검찰청 위 검사실(전화 031-481-XXXX)로 문의하시기 바랍니다.

아무쪼록 귀하의 민원이 원만히 잘 해결되시길 기원합니다.

앞으로도 민원인의 요구에 귀 기울이는 안산검찰청이 되겠습니다.

귀댁의 건승을 기원합니다.

※ 대검찰청 민원 서비스 수준 향상을 위하여 본 민원 처리 과정에 대한 만족도 평가를 실시하고 있습니다. 귀하의 평가 내용을 소중한 자료로 삼아 항상 민원인의 입장에서 업무를 처리하도록 노력하겠습니다.

※ 만족도 등록은 사건 처리 결과에 대한 만족도를 의미하는 것이 아니라, 국민신문고 접수 등 민원 처리 과정에 대한 만족도를 의미합니다.

2022년 2월 21일 언론 보도 이후 경찰은 센터장에 대해 불송치 결정으로 사건 수사를 마무리하였으나, 자신들의 책임을 회피하기 위해 공익신고자를 범인 은닉죄로 몰아간 지구대 경찰관에 대한 철저한 조사와 진상 규명은 끝끝내 이루어지지 못한 채 그냥 덮어졌다. 그래서 이런 의문이 들었다.

'형사소송법상 검사의 시정조치 요구권, 경찰의 인권침해적 수사에 대한 검찰의 감시는 제대로 진행되고 있을까?'

현행법상 검사의 시정조치 요구권을 신청하는 규정이 없다. 상황이 이러하다 보니 검찰은 시정조치를 요구하는 신청을 그저 일반 민원으로 접수할 뿐 정식 사건으로 접수하지 않아 처리 결과를 신청인에게 알려주지도 않는다. 사건 관계인이 시정조치 요구권을 검사에게 신청할 수 있는 근거 규정을 마련하고 그 결과를 통보받을 수 있는 절차도 마련하는 등 관련 규정을 더 정비할 필요가 있을 것이다.

찬밥 신세, 인권보호관 제도

문재인 정부 출범 직후인 2017년 8월 법무부는 검찰의 인권 옹호 기능을 강화하기 위해 인권감독관 제도를 신설했다. 인권감독관은 일반 사건을 배당받지 않고 1) 수사 과정에서의 인권 관련 진정 사건, 2) 내부 구성원의 비리에 관한 감찰 사건, 3) 피해자 보호 관련 업무 등의 인권 수호 임무를 전담하도록 했다. 2021년 4월, 그 명칭을 인권보호관 제도로 바꾸고 인권보호 담당관을 지정하여 인권보호관의 직무를 보좌하도록 하는 등 인권보호관 제도는 자리를 잡아가는 듯 보였다.

그러나 이 제도는 원래 취지와는 상관없이 검사들의 유배지가 되었다는 비판을 받고 있다. 정권과 관련한 수사를 한 검사나 정권과 가깝지 않은 검사를 수사에서 배제하기 위해 인권보호관으로 보내는 것이다. 이는 문재인 정부에서부터 시작되어 현재 윤석열 정부에서도 계속 반복되고 있다. 2022년 6월 28일 중간 간부급 검사 인사에서 서울중앙지방검찰청 부장검사 34명 중 11명이 인권보호관 등으로 전보되는 등 문재인 정권에서 주요 보직을 차지했던 검사들이 대거 인권보호관으로 발령받았다. 이러한 행태를 통해 정부와 검찰이 인권보호관 자리를 어떻게 바라보는지를 알 수 있다.[60]

거악 척결보다 더 중요한 인권보호

검찰청 특별조사실에서 조사를 받다가 수사관들의 구타로 피의자가 숨진 사건이 벌어진 적이 있다. 1960~70년대가 아니라 바로

20년 전인 2002년 사건이다. 주임검사와 수사관들은 모두 구속되었고 검찰총장도 대국민 사과 후 사직을 했어야 했던 사건, 2008년 검찰 60주년을 맞아 검찰 직원 3,989명에게 설문을 통해 20대 사건을 선정했는데 이 사건이 아래와 같이 담겼다.

2002년 서울지검 고문치사 사건

조직폭력배 수사 도중 가혹행위를 통해 피의자를 사망하게 한 사실이 드러나 수사검사 등이 처벌된 사건이다. 인권보호 임무를 가진 검찰이 수사 과정에서 직접 가혹행위를 가해 피의자를 사망에 이르게 한 사건으로 이후 검찰이 인권보호수사준칙 제정 등 인권보호를 위한 여러 가지 제도적 보완 노력을 하게 된 계기가 된 사건이다.

수감 생활을 마친 홍 전 검사는 2013년 《어느 칼잡이 이야기》라는 자전적 에세이를 쓰기도 했다. 2016년 영화 〈검사외전〉이 개봉되자 영화 스토리가 홍 전 검사의 이야기와 비슷하다며 위 에세이가 다시 회자되기도 했다.[61]

홍 전 검사는 당시 수사관들이 흥분한 상태였고 일단 수사를 중단시켜야 했음에도 왜 그러지 않았냐는 한 언론인의 질문에 이렇게 답했다.

"당황했습니다. 도주 피의자를 잡지 못하면 문책당한다는 생각에… 모든 책임은 수사검사인 제게 있습니다. 지금도 유족들께 죄송합니다."

목적이 수단을 정당화할 수 없다. 실체적 진실 발견을 위한다는 미명하에 피의자의 인권 따위는 중요하지 않다는 생각만큼 위험한 것은 없다. 검찰이 거악 척결이라는 명분하에 혹여나 더 중요한 시민들의 인권보호를 소홀히 여기지 않도록 우리는 두 눈 부릅뜨고 관련 제도를 정비해야 한다. 현행 형사소송법상 검사의 시정조치 요청 제도, 법무부 훈령으로 운영되고 있는 인권보호관 제도 등으로는 턱없이 부족하다.

마치며

:

얼굴 없는 검사들, 윤석열 정부에서는 바뀔까?

"법무연수원은 검찰, 보호, 교정, 출입국 등 법무부 소속 공무원에 대한 교육훈련과 법무행정 발전을 위한 조사, 연구 업무를 담당하는 종합적인 교육, 연구기관입니다."

법무연수원 홈페이지 기관 소개[62]에 담겨 있는 내용이다. 그러나 언제부터인가 법무연수원은 문제가 있거나 정부와 코드가 맞지 않는 검사들의 유배지가 되어 왔다.[63] 한동훈 법무부장관도 검사장 시절 검언유착 의혹에 연루되어 법무연수원 연구위원으로 발령받은 적이 있다. 그리고 한동훈 법무부장관은 취임 하루 만에 단행한 첫 검찰 인사에서 문재인 정부 시절 고위직 검사들 6명을 법무연수원 연구위원으로 날려버렸다.[64]

공정과 상식의 회복을 기치로 삼은 윤석열 정부에서도 결국 법무연수원이 그저 검사들의 유배지로 활용되는 것을 보며 나는 이런 세 가지 의문이 들었다.

'세상의 그 어떤 조직이 교육 및 연구기관을 그 조직의 유배지로 활용할까?'

'선배들의 유배지인 법무연수원에 교육을 받으러 가는 후배 검사들의 마음은 어떠할까?'

'교육과 연구의 가치조차 바닥으로 추락시키는 이 조직이 나쁜 놈을 아무리 많이 잡아봤자 우리 사회가 더 나아질까?'

문재인 정부의 검찰 개혁, 윤석열 정부의 검찰 인사를 보며 나는 이런 두 가지 결론에 도달했다.

첫째, 검찰 개혁은 정치인의 손에 맡길 수 없다.

둘째, 검찰은 스스로 개혁될 수 없는 조직이다.

검사들의 제 얼굴 찾기, 우리가 다시 시작해야 하는 이유

프랑스 작가 폴 발레리는 이렇게 말했다.

"할 일은 오직 한 가지뿐이다. 다시 시작하는 일이다. 그건 간단한 일이 아니다."

검사가 공익의 대표자로 시민들의 인권을 옹호하는 본래의 역할에 집중할 수 있도록 우리가 할 일은 오직 한 가지뿐, 다시 시작하는 일이다. 그러나 그건 간단한 일이 아니다. 어떤 것부터 시작해야 할지 막막하고 이미 검찰 개혁이라는 단어만 들어도 피로감이 들 지경이다. 그래도 그대로 주저앉을 수도 없는 노릇이다.

정치인들이 자신들의 유불리에 따라 검찰 권력을 여기 붙였다가 떼었다가를 반복한다고 해서 검찰이 개혁되지 않는다는 것을 우리는 경험했다. 그렇다고 교육과 연구의 가치조차 바닥으로 추락시키는 검찰조직에게 '셀프 개혁'을 주문할 수도 없는 노릇이다. 그래서 우리는 다시 시작해야 한다.

피로감과 무력감에 들 때 나를 지탱해준 건 글쓰기다. 그래서 나의 새로운 시작은 이번에도 '글쓰기'였다. 좀 더 멋진 이야기, 실패보다는 성공한 이야기를 책에 담고 싶은 욕심이 들 때마다 마음을 다잡았다. 부족하고 엉성해 보여도 있는 그대로의 현장 이야기를 담으려고 애썼다. 화려한 법 논리와 멋지게 보이는 외국 법에 답이 있는 것이 아니라 '지금 여기' 현장에 답이 있다는 믿음 때문이다.

피로감과 무력감은 이제 날려버리자. 시민에게 얼굴 한 번 비치지 않는 '얼굴 없는 검사들' 대신, 검찰청 민원실에서 시민을 환대하는 '제 얼굴을 찾은 검사들'을 만나러 가자. 검찰 흑역사에 종지부를 찍고 새 역사를 여는 일에 우리 함께 나아가길 목청 높여 외쳐본다!

미주

:

1) 연합뉴스, 〈한동훈 "검찰, 나쁜 놈 잘 잡으면 돼…尹당선인과 맹종관계 아냐"〉 (2022.4.13.)

2) "드라마 속 검찰의 모습, 실제 모습은 어떨까?" https://blog.naver.com/ hpros/220460258461 (서울고등검찰청 향기 블로그 : 운주당 이야기)

3) 중앙일보, 〈검찰 '성폭행 추락사' 가해자에 살인죄 적용… 경찰과 왜 달랐나〉 (2022.8.10.)

4) 한겨레, 〈피의자가 됐을 때 차라리 아무것도 하지 말라〉 (2006.9.17.)

5) 이데일리, 〈"위압 분위기 조성하고 객관의무 위반"… 여전한 검사 갑질〉 (2022.1.6.)

6) 오마이뉴스, 〈풍등 화재 사건 이주 노동자는 공정한 재판을 받고 있나?〉 (2020.9.20.)

7) 법률신문, 〈[판결] (단독) 검사가 피고인에 유리한 증거 제출 거부는 위법… "국 가에 손배책임" 판결 잇따라〉 (2021.1.11.)

8) 뉴스1, 〈서울시교육청 민원실에 '인공지능 통번역기'… 다문화가정 위해〉 (2022.4.17.)

9) 서울중앙지방검찰청 층별 안내도(https://spo.go.kr/site/seoul/05/10506000000002018 120505.jsp)

10) 경향신문, 〈"국민을 깍듯이" 몸 낮추는 검찰〉 (2004.12.8.)

11) 법률신문, 〈"형사사건 아닌 민사사건"⋯ 경찰이 접수도 않고 고소장 반려〉
    (2021.5.20.)

12) 국민일보, 〈[독자의 목소리] 고소·고발장 본인 직접 작성 가능〉 (2002.2.26.)

13) JTBC, 〈"'사찰 노동 착취' 목숨 건 탈출⋯ 검찰 수사는 왜 진전 없나요"〉
    (2020.7.15.)

14) "서울북부지방검찰청 형사 5부장님께" https://blog.naver.com/won-
    goklaw/222059732076 (원곡법률사무소 블로그)

15) 오마이뉴스, 〈"수사심의위는 이재용과 한동훈만 가능한가" — [인터뷰] 두 번
    째 심의위 요청하는 최정규 변호사 "검사한테 '꼭 필요하냐' 전화 받았다"〉
    (2020.7.28.)

16) 한국일보, 〈정보공개 소송 연전연패에도⋯ 수사 기록 안 내놓는 검찰〉
    (2022.5.7.)

17) 서울신문, 〈[단독] 피해자 2번 울리는 친족상도례⋯ 수사 기록마저 공개 거부
    하는 檢〉 (2021.3.4.)

18) 국가인권위원회, 〈인권위, "검찰, 불기소사건 기록 열람·등사 범위 확대해야"〉
    (2019.11.21.)

19) 뉴시스, 〈"범죄 피해자 사건 기록 접근성 확대"⋯ 검찰미래위 권고〉 (2019.6.24.)

20) 서울신문, 〈밀린 임금 때문에 한국 못 떠나는 이주 노동자⋯ 그 검사는 무얼
    했나요〉 (2020.10.2.)

21) "공판검사 : 재판할 때는 딴짓 말자" https://blog.naver.com/wongoklaw/2212
    57967216 (원곡법률사무소 블로그)

22) 법률신문, 〈검찰 공판검사 조직 개편 왜 하나〉 (2009.5.14.)

23) 한국일보, 〈[정명원 검사의 소소한 생각] '십 원짜리 사건' 검사 빈자리, 식판 던진 '공판 어벤저스'가 채운다〉 (2022.8.17.)

24) The New York Times, 〈South Korea Turns to Surveillance as 'Ghost Surgeries' Shake Faith in Hospitals〉 (2022.5.13.)

25) 주간경향, 〈[표지 이야기] '유령 수술' 의사들이 할 짓입니까〉 (2019.9.23.)

26) 파이낸셜뉴스, 〈[단독] 현직 검사 "유령 수술 상해죄로 다뤄야" 첫 언급 확인 [김기자의 토요일]〉 (2021.6.26.)

27) 시사IN, 〈수술실 CCTV법 '말 바꾸기', 전신마취 수술만 해당된다고?〉 (2021.10.21.)

28) 서정인, 〈벌판〉

29) 김정한, 〈축생도〉

30) 한겨레21, 〈'염전 노예' 최정규 변호사 "국가에 책임 물으면 세상 바뀔 줄"〉 (2020.5.8.)

31) 에이블뉴스, 〈장애인권리협약 '근로·고용' 일반논평 초안 논의 시청 소회-③ "노동착취, 장애여성 근로·고용 현실 유엔에 알려"〉 (2021.4.22.)

32) "웹드라마 〈행복한 인질〉 임금 체불 인터뷰 미니다큐 Documentary Interview" https://youtube/mnJPDrrXS6c (유튜브 'Mr.Gwak' 채널, 2018.10.14.)

33) 한국일보, 〈'출연료 체불' 미니다큐 만든 중견배우 "계약서 써도 한 푼 못 받아"〉 (2018.10.24.)

34) "[검찰] 임금 체불은 사회질서 교란 범죄!" https://youtu.be/J_0CDqJtMd8 (유튜브 '대검찰청 검찰방송' 채널, 2018.5.8.)

35) KBS NEWS, 〈임금 체불 민원인에 전화한 판사… 소송 취하 종용?〉

288

(2019.11.25.)

36) MBC 뉴스, 〈수천만 원 떼먹고도 '당당'··· 빈손으로 울며 귀국〉 (2020.4.9.)

37) https://fb.watch/f5YaHyxBf9(페이스북 '대한민국 대검찰청', 2021.4.27.)

38) MBC 뉴스, 〈검찰 수사 못 하면, 과연 사법 현장은?〉 (2022.4.13.)

39) KBS NEWS, 〈[단독] 공수처, 권익위 '검사 징계 요구'도 수사 없이 이첩〉 (2022.1.20.)

40) 법률신문, 〈검찰, 고발사건 송치 前 수사 지휘 안 한다〉 (2011.2.23.)

41) CBS 노컷뉴스, 〈장애인 성폭력 가해자 1/3은 불기소 "장애 특성 무시한 수사 한계"〉 (2017.10.17.)

42) 오마이뉴스, 〈강제추행 혐의 전 부장검사 불기소처분··· 여성단체 반발〉 (2020.10.8.)

43) 한국일보, 〈공수처, '교통사고 봐주기' 현직 부장검사 등 수사 착수〉 (2022.5.4.)

44) MBC 〈PD수첩〉, "검찰가족 : 어느 부장검사의 고백" (2021.10.5.)

45) 셜록, 〈누가 아버지를 죽였나〉 (2021.11.1.)

46) YTN, 〈윤석열 '검사가 수사권 갖고 보복하면 깡패죠'〉 (2016.12.2.)

47) 법률신문, 〈집무실 산더미 서류 보니 검사가 어떤 일 하는지 실감〉 (2015.6.25.)

48) 한국일보, 〈[단독] 故 김홍영 검사, 극단적 선택 전날까지 폭언 들었다〉 (2020.10.14.)

49) 오마이뉴스, 〈검사의 구형, 변호인의 맞장구··· 201호 법정에서 생긴 일〉 (2021.12.5.)

50) KBS NEWS, 〈'50여 년 전 반공법 위반'… 재심 끝에 무죄 선고〉 (2021.12.15.)

51) 서울신문, 〈[법서라] 고작 6일 누린 '납북 어부 재심' 무죄 기쁨… '과거사 원칙' 저버린 검찰〉 (2019.7.20.)

52) 연합뉴스, 〈'50년 만에 재심 청구했는데…' 심문기일에 출석도 안 한 검찰〉 (2022.8.11.)

53) 연합뉴스, 〈조현오 경찰청장 소환조사 촉구〉 (2017.5.19. 재업로드)

54) 한겨레, 〈롤모델 김건희… Hal su it da, 나도 박사가 될 수 있다!〉 (2022.8.25.)

55) 대한민국 정책브리핑, 〈국민 중심 현장 수사 현황과 과제 세미나 개최〉 (2019.11.22.)
   윤동호, 〈고소, 고발 사건 전건입건법제에서 선별입건법제로〉, 한국비교형사법학회 '비교형사법연구' 제22권 제1호(2020.4.) 169면 내지 191면

56) 전라일보, 〈전주범죄피해자지원센터 범죄 피해자 가정 방문 위로〉 (2015.9.24.)

57) MBN 뉴스, 〈법원 재정신청 인용률 불과 0.5%… "억울한 고소인 희망 외면"〉 (2020.10.6.)

58) 한국일보, 〈[LIVE ISSUE '검찰 수사권 완전 박탈' 입법 갈등] 김오수 "수사 공정성 확보 위한 특별법 제정해달라"〉 (2022.4.21.)

59) KBS NEWS, 〈"장애인 폭행사건 뭉갰다" 논란 일자… 오히려 신고자 입건한 경찰〉 (2022.2.21.)

60) 경향신문, 〈검사 본령은 인권보호인데… '찬밥 신세' 인권보호관〉 (2022.6.29.)
   중앙일보, 〈文의 인권보호관 '검사 무덤' 됐다… 올해만 50여 명 줄사표〉 (2022.7.1.)

61) 중앙일보, 〈[Opinion : 권석천의 시시각각] '고문 검사' 홍경령의 진실〉 (2013.10.16.)

62) https://www.ioj.go.kr/homepage/institute/IntroductionAction.do?top=1&sub=2

63) 한국일보, 〈법무연수원 '좌천 자리 증원… 검사 유배지 전략'〉 (2022.6.15.)

64) 동아일보, 〈검 내부 "고위직 6명 무더기 법무연수원 좌천은 처음" 뒷말〉 (2022.5.20.)

얼굴 없는 검사들

2022년 09월 27일 초판 01쇄 발행
2022년 12월 15일 초판 02쇄 발행

지은이 최정규

발행인 이규상 편집인 임현숙
편집팀장 김은영
책임편집 강정민 교정교열 김화영
디자인팀 최희민 권지혜 두형주 마케팅팀 이성수 김별 강소희 이채영 김희진
경영관리팀 강현덕 김하나 이순복

펴낸곳 (주)백도씨
출판등록 제2012-000170호(2007년 6월 22일)
주소 03044 서울시 종로구 효자로7길 23 3층(통의동 7-33)
전화 02 3443 0311(편집) 02 3012 0117(마케팅) 팩스 02 3012 3010
이메일 book@100doci.com(편집·원고 투고) valva@100doci.com(유통·사업 제휴)
포스트 post.naver.com/black-fish 블로그 blog.naver.com/black-fish
인스타그램 @blackfish_book

ISBN 978-89-6833-397-2 03300
ⓒ 최정규, 2022, Printed in Korea